CLAUDIA MARIA KNISPEL | WOLFGANG AMADEUS MOZART

CLAUDIA MARIA KNISPEL

WOLFGANG AMADEUS MOZART

SEIN LEBEN, SEINE ZEIT

RECLAM
LEIPZIG

1. AUFLAGE, 2005
UMSCHLAGGESTALTUNG GABRIELE BURDE
UNTER VERWENDUNG EINES AUSSCHNITTS
AUS DEM FAMILIENPORTRÄT DER MOZARTS
VON JOHANN NEPOMUK DELLA CROCE, 1780
AUTORENFOTO UMSCHLAGKLAPPE

GESETZT AUS SLIMBACH ITC UND FUTURA
LAYOUT UND SATZ GABRIELE BURDE
MIT 134 ABBILDUNGEN
DRUCK UND BINDUNG JÜTTE-MESSEDRUCK, LEIPZIG
PRINTED IN GERMANY
ISBN 3-379-00854-0

WWW.RECLAM.DE

INHALT

ANFÄNGE IN SALZBURG

Das Taufbuch der Salzburger Dompfarre verzeichnet auf Seite zwei des ›Januarius. Annus 1756‹ sieben neue Eintragungen und gibt in fünf Spalten genaue Auskunft über Tag und Stunde von Taufe und Geburt sowie über die Namen des Täuflings, der Eltern, der Taufpaten und des Pfarrers.

28. med[ia hora] 11. merid[iana] baptizatus est: natus pridie hora 8. vesp[ertina]	Joannes Chrysost[omus] Wolfgangus Theophilus fil[ius] leg[itimus]	Nob[ilis] D[ominus] Leopoldus Mozart Aulae Musicus, et Maria Anna Pertlin coniugeß	Nob[ilis] D[ominus] Joannes Theophilus Pergmayr Senator et Mercatro Civicus p[ro] t[empore] sponsus	Idem [Leopoldus Lamprecht Capellanus Civicus]

Mozart wurde am 27. Januar 1756 um acht Uhr abends geboren und am folgenden Tag um halb elf Uhr vormittags getauft. Seine ersten beiden Namen sind von dem Heiligen abzuleiten, dessen Namenstag am 27. Januar gefeiert wird: ›Johannes Chrysostomus‹ (auf Deutsch ›Goldmund‹) ist Schutzheiliger der Kanzelredner. ›Wolfgang‹ heißt Mozart nach seinem Großvater mütterlicherseits, Wolfgang Nikolaus Pertl, und ›Theophilus‹ (auf Deutsch ›Gottlieb‹, auf Italienisch ›Amadeo‹) nach seinem Taufpaten, dem in der vierten Spalte genannten Stadtrat und Kaufmann Johann Gottlieb Pergmayr. Mozart ist der legitime Sohn des Hofmusikers Leopold Mozart und seiner Frau Anna Maria, geborene Pertl. Die Taufe vollzog der Kaplan Leopold Lamprecht.

Wolferl · Wolfgangerl
gnagflow Trazom · Romatz

Der Nachname Mozart lässt sich im Augsburger Raum bis ins 14. Jahrhundert zurückverfolgen, freilich oft in unterschiedlicher Schreibung, beispielsweise ›Motzhart‹, ›Mutzenhart‹ oder ›Mozert‹. Inhaltlich meint der Nachname nichts anderes als einen Mann aus dem Moos, aus einer moorigen Gegend. Während seiner ersten Italien-Reise, um 1770, begann Mozart, sich italienisch ›Wolfgango Amadeo‹ zu nennen und in Paris, von etwa 1777 an, gebrauchte er die französische Form ›Wolfgang Amadé‹. Sein Rufname war ›Wolfgang‹, auch ›Wolferl‹ oder ›Wolfgangerl‹, doch der junge Mann hatte auch unzählige Spitz- und Witznamen, die er sich oft selbst gab – von ›gnagflow Trazom‹ über ›Romatz‹ bis hin zu ›allzeit der alte junge Sauschwanz Wolfgang Amade Rosenkranz‹. Der heute gebräuchliche Name ›Wolfgang Amadeus Mozart‹ bürgerte sich erst posthum ein. Er wurde vor allem durch den Titel ›Œuvres Complettes de Wolfgang Amadeus Mozart‹ der vom Verlag Breitkopf & Härtel 1799 begonnenen Werkausgabe verbreitet.

Am 9. Februar 1756 berichtet Leopold erstaunlich beiläufig von der Geburt seines Sohnes: »Monsieur mon tres cher amy / Hier ist der (J) bogen zurück. Ich bitte dahin zu sehen, daß allemal ein sauberer Corrigirter und abgedruckter bogen der vorigen Correctur mit dem neuzu=Corrigirnden Bogen mitkommt. ... das kan ich aber sicher sagen, daß alles, was sie noch von mir Mspt gekommen, in etwa höchstens 6 meinigen Bögen bestehen wird. wovon in 5 bögen kaum 6 ganz kleine Exempl, ja oft nur ein paar Noten sind. übrigens benachrichte, daß den 27 Januarii abends um 8 uhr die meinige mit einem Buben zwar glücklich entbunden worden. die Nachgeburt aber hat man ihr wegnehmen müssen. Sie war folglich erstaunlich schwach. Itzt aber |: Gott sey dank :| befinden sich kind und Mutter gut. Sie empfehlt sich beyderseyts. der Bub heißt Joannes Chrisostomus, Wolfgang, Gottlieb. Ich hoffe sie werden mich nimmer 3 Posttäge warten lassen. denn ich bin desperat, da ich sehe, daß es immer stecket. das Geld kan mir ja der H: Bruder mitbringen. / addio Leopold Mozart.«

Gott sey dank befinden sich kind und Mutter gut ... der Bub heißt Joannes Chrisostomus, Wolfgang, Gottlieb.

Die Schwester Maria Anna Walburga Ignatia, genannt Nannerl Mozart (1751–1829), Ölgemälde, vermutlich von Pietro Antonio Lorenzoni, Anfang 1763

Die Mutter Anna Maria Mozart (1720–1778), Ölgemälde von Maria Rosa Hagenauer-Barducci, um 1775

Mozarts Mutter wurde 1720 als drittes Kind von Eva Rosina und Wolfgang Nikolaus Pertl geboren. Mit siebenundzwanzig Jahren heiratete sie den Hofmusiker und Lehrer am Kapellhaus Leopold Mozart. Das Paar zog in die Getreidegasse Nr. 9, wo Mozart geboren wurde, und zog 1773 ins so genannte Tanzmeisterhaus am Hannibalplatz um (heute ›Mozarts Wohnhaus‹ am Markartplatz Nr. 8–9). Die zahlreichen Briefe, die die Familienmitglieder einander im Laufe der Jahre schrieben, geben nicht nur interessante Reiseeindrücke wieder, sie belegen auch das innige Familienverhältnis der Mozarts. Am 21. November 1772 schrieb Leopold seiner Frau aus Mailand und vergaß dabei ihren Hochzeitstag nicht: »Wir sind, Gott Lob, frisch und gesund wie die fische im wasser, dann seit gestern 8 täge hat es tag und nacht so erstaunlich geregnet, daß es gar kein wunder, wenn alle Posten, die heut eintreffen sollten, noch erwartet werden. ... An Euerm guten wohlseyn will nicht zweifeln. Heut ist die Jahrzeit unseres hochzeittages. Es wird, wie glaube, 25 Jahre seyn, daß wir den guten Gedancken hatten uns zu verheyrathen. - - diesen Gedanken hatten wir zwar viele jahre zuvor. gute dinge, wollen ihre Zeit! ... Wir empf: uns allen guten freunden und freundinen. der tag ist Kurz! Es giebt viel zu thun, ist es keine Arbeit, so sind es halt dennoch verrichtungen. wir küssen euch - - so oft ihr wollt - - und bin sammt dem Wolfg: dein alter Mozart.«

Es wird, wie glaube, 25 Jahre seyn, daß wir den guten Gedancken hatten uns zu verheyrathen. - - diesen Gedanken hatten wir zwar viele jahre zuvor. gute dinge, wollen ihre Zeit!

Mozarts fünf Jahre ältere Schwester Maria Anna, genannt Nannerl, erhielt ebenso wie ihr Bruder die erste musikalische Unterweisung durch den Vater. 1759 legte Leopold zum Namenstag seiner Tochter am 26. Juli ein Notenbuch mit dem französischen Titel ›Pour le Clavecin ce Livre appartient à Mademoiselle Marie Anne Mozart. 1759‹ an. Dieses Klavierbüchlein mit einfachen Übungsstücken wurde schon ein Jahr später auch von Wolfgang benutzt, so dass der stolze Vater im Notenbuch seiner Tochter vermerkte, in welchem Alter der frühreife Sohn diverse Stücke erlernt hatte: »Diese vorgehende 8 Menuet hat der Wolfgangerl im 4. Jahr gelernt.« Auch erste Kompositionen Wolfgangs notierte

Leopold in Nannerls Notenbuch. Obwohl Nannerl selbst eine hochbegabte Pianistin war, stand sie stets im Schatten ihres Bruders. Als pianistisches Wunderkind sollte sie mit ihrem Bruder auf Konzerttourneen gehen. Andere musikalische Anlagen wie Komponieren wurden dagegen nicht weiter gefördert. Aus Rom schrieb Mozart seiner Schwester am 7. Juli 1770: »Ich habe mich recht verwundert, daß du so schön Componiren kanst, mit einen wort, das lied ist schön, und probiere öfter etwas.«

die beyden Mozartisch: Eltern waren zu ihrer Zeit das schönste Paar Eheleute in Salzburg.

Die Geschwister hatten ein gutes Verhältnis, und auch wenn sie sich als Erwachsene zeitweilig aus den Augen verloren, setzte sich Nannerl nach Mozarts Tod sehr für das Andenken ihres Bruders ein. Der Historiker und Bibliothekar Friedrich von Schlichtegroll schickte Nannerl 1792 einen Fragenkatalog über ihren Bruder, den sie akribisch beantwortete. Ihre Antworten bildeten die Grundlage für den ersten Nekrolog auf Mozart, den Schlichtegroll 1794 veröffentlichte. Hier heißt es: »Der Sohn war damahls drey Jahr alt, als der Vatter seine siebenjährige tochter anfieng auf dem Clavier zu unterweisen. Der Knab zeugte gleich sein von Gott ihm zugeworfenes ausserordentliches Talent, Er unterhielte sich oft lange zeit bey dem Clavier mit zusammen suchen der terzen, welche er immer anstimmte, und sein Wohlgefahlen verrieth daß es wohl klang.« Auch das äußere Erscheinungsbild der Familie und der Charakter Wolfgangs werden von Nannerl beschrieben: »die beyden Mozartisch: Eltern waren zu ihrer Zeit das schönste Paar Eheleute in Salzburg; auch galt die tochter in ihren jüngeren Jahren für eine Regelmässige Schönheit. aber der Sohn Wolfgang war klein, hager, bleich von Farbe, und ganz leer von aller Prätenzion in der Physiognomie und Körper. ausser der Musick war und blieb er fast immer ein Kind; und dies ist ein HauptZug seines Charakters auf der schattigen Seite; immer hätte er eines Vatters, einer Mutter, oder sonst eines Aufsehers bedarfen.«

Ich habe mich recht verwundert, daß du so schön Componiren kanst, mit einen wort, ... probiere öfter etwas.

Wolfgang Amadeus Mozart als Kind, Ölgemälde von Pietro Antonio Lorenzoni, Anfang 1763

Der Vater Johann Georg Leopold Mozart (1719–1787), Ölgemälde von Pietro Antonio Lorenzoni, um 1765

Mozarts Vater war das älteste von neun Kindern des Buchbindermeisters Johann Georg Mozart. Er studierte Philosophie und Jura in Salzburg, wurde aber 1739 von der Universität verwiesen – wegen mangelnden Fleißes, unregelmäßigen Kollegbesuchs und schlechten Benehmens. Er fand eine Anstellung als Musiker und wurde Violinist und später Vizekapellmeister der Salzburger Hofkapelle. Leopold war literarisch gebildet und ein angesehener Pädagoge und Komponist. Bei Hof nahm er die unterschiedlichsten Aufgaben wahr, stellte Personal ein, kaufte Musikalien und Musikinstrumente, leitete die Hofmusik und sorgte für die Aufführung seiner Werke. Etwa ab 1760 reduzierte er die eigenen Aktivitäten, um sich verstärkt der Erziehung seiner beiden Kinder zu widmen.

selbst die Kindereyen und Tändelspiele mußten, wenn sie für ihn interessant seyn sollten, von der Musik begleitet werden.

Über Mozarts frühe Kindheit ist wenig Verlässliches überliefert. Neben dem Nekrolog von Schlichtegroll gibt die frühe Mozart-Biografie des Prager Philosophen Franz Xaver Niemetschek Auskunft. Er veröffentlichte sie 1798 unter dem Titel ›Leben des K.K. Kapellmeisters Wolfgang Gottlieb Mozart nach Originalquellen beschrieben‹, eine zweite veränderte und ergänzte Auflage folgte 1808. Zu Niemetscheks Originalquellen zählt ein langer Brief des engen Freundes der Familie Mozart Johann Andreas Schachtner an Nannerl (24. April 1792). Darin heißt es: »Hochwohledelgebohrne gnädige Frau! ... auf ihre erste Frage: was Ihr seel. Herr Bruder in seiner Kindheit, NB: außer der Beschäftigung in der Musik für Lieblingsspiele hatte: Auf diese Frage ist nichts zu beantworten, denn so bald er mit der Musik sich abzugeben anfieng, waren alle seine Sinne für alle übrige Geschäfte, so viel als todt, und selbst die Kindereyen und Tändelspiele mußten, wenn sie für ihn interessant seyn sollten, von der Musik begleitet werden; wenn wir, Er und Ich, Spielzeuge zum Tändeln von einem Zimmer ins andere trugen, mußte allemal derjenige aus uns, so leer gieng, einen Marsch dazu singen, oder geigen. ... wie er sich als Kind gegen die

Er war voll Feuer, seine Neigung hieng jedem Gegenstand sehr leicht an.

Grossen Benahm, wenn sie sein Talent und Kunst in der Musik bewunderten? wahrhaftig da verrieth er nichts weniger als Stolz oder Ehrsucht ... er wollte nie spielen, ausser seine zuhörer waren große MusikKenner, oder man mußte ihn wenigstens betrügen, und sie dafür angeben. ... Er war voll Feuer, seine Neigung hieng jedem Gegenstand sehr leicht an; ich denke, daß er im Ermangelungs Falle einer so vortheilhaft guten Erziehung, wie er hatte, der ruchloseste Bösewicht hätte werden können, so empfänglich war er für jeden Reitz, dessen Güte oder Schädlichkeit er zu prüfen noch nicht im Stande war.«

Im Januar 1762 reiste Leopold erstmals mit seinen Kindern nach München und ließ sie vor Kurfürst Maximilian III. Joseph auftreten, im September brach die Familie dann nach Wien auf, wo die Kinder am 13. Oktober von Kaiserin Maria Theresia und ihrem Gemahl Franz I. freundlich empfangen wurden. Leopold berichtet hierüber seinem Freund und Vermieter, dem Salzburger Kaufmann Johann Lorenz Hagenauer, am 16. Oktober: »Nun lässt die Zeit mehr nicht zu in Eyl zu sagen, als daß wir von den Mayestetten so ausserordentlich gnädig sind aufgenohmen worden, daß, wenn ich es erzehlen werde, man es für eine fabl halten wird. genug! der Wolferl ist der Kayserin auf die Schooß gesprungen, sie um den Halß bekommen, und rechtschaffen abgeküsst.« Einige Jahre später schien sich das Verhältnis deutlich abgekühlt zu haben. Als Erzherzog Ferdinand plante, Mozart für das Theater zu engagieren, warnte Maria Theresia ihren Sohn nachdrücklich. In ihrem auf Französisch verfassten Schreiben vom 12. Dezember heißt es barsch: »Sie fragen mich, ob sie den jungen Salzburger in ihre Dienste nehmen sollen. Ich weiß nicht, als was, da ich nicht glaube, dass Sie einen Komponisten benötigen oder nutzlose Leute. Wenn Ihnen dieses dennoch Vergnügen bereiten würde, will ich Sie nicht davon abhalten. Was ich sage, ist um Sie nicht mit nutzlosen Leuten zu belasten, und geben Sie niemals Titel an diese Art Leute. Falls Sie ihn in ihre Dienste nähmen, wären diese Dienste stark herabgesetzt, wenn diese Leute durch die Welt reisen wie die Landstreicher. Und er hat außerdem eine große Familie.«

Intervallschema Leopold Mozarts als

Lernhilfe im Notenbuch für Nannerl

Eine Schule besuchten weder Wolfgang noch Nannerl. Allgemeinbildung erwarben die Geschwister von ihrem nicht nur musikalisch gebildeten, sondern auch naturwissenschaftlich und literarisch interessierten Vater. Grundkenntnisse in Latein sowie in den wichtigsten Fremdsprachen wie Italienisch, Französisch und Englisch waren selbstverständlich. Leopold war immer bereit, die herausragende Begabung Wolfgangs gegenüber allen missgünstigen Neidern zu verteidigen, denn er selbst sah seinen Sohn als »Wunder ..., welches Gott in Salzburg hat lassen gebohren werden« (Brief an Hagenauer vom 30. Juli 1768), und das es galt, »der Welt« zu »verkündigen«. Auch Freund Schachtner beschreibt Nannerl im Brief vom 24. April 1792 »einige sonderbare Wunderwürdigkeiten von seinem 4 bis 5jährigen Alter, auf deren Wahrhaftigkeit ich schwören könnte. ... Der Papa ... zeigte mir ein Geschmire von Noten, die meistentheils über ausgewischte dintendolken geschrieben waren /: NB. der kleine Wolfgangerl tauchte die Feder, aus Unverstand, allemal bis auf den Grund des Dintenfasses ein, daher musste ihm, so bald er damit aufs Papier kamm, ein dintendolken entfallen, aber er war gleich entschlossen, fuhr mit der flachen Hand drüberhin, und wischte es auseinander, und schrieb wieder drauf fort :/ wir lachten anfänglich über dieses scheinbare galimathias, aber der Papa fieng hernach seine Betrachtungen über die Hauptsache, über die Noten, über die Composition an, er hieng lange Zeit steif mit seiner Betrachtung an dem Blate, endlich fielen zwei Thränen, Thränen der Bewunderung und Freude aus seinen Augen. sehen sie, H:. Schachtner, sagte er, wie alles richtig und regelmässig gesetzt ist, nur ists nicht zu brauchen, weil es so ausserordentlich schwer ist, daß es kein Mensch zu spielen im Stande ware. der Wolfgangerl fiel ein: drum ists ein Concert, man muß so lang exercieren, bis man es treffen kann, sehen Sie, so muß es gehn. er spielte, konnte aber auch just so viel herauswirgen, daß wir kennen konnten, wo er aus wollte. Er hatte damals den Begrief, das, Concert spielen und Mirakel wirken einerley seyn müsse. ... Einige

Der Papa ... zeigte mir ein Geschmire von Noten, die meistentheils über ausgewischte dintendolken geschrieben waren.

Zeit vor diesem, die nächsten Tage, als sie von Wien zurückkammen, und Wolfgang eine kleine Geige, die er als Geschenk zu Wien kriegte, mitbrachte, kamm unser ehemalige sehr gute Geiger H: Wentzel seel. der ein Anfänger in der Composition war, er brachte 6 Trio mit, die er in Abwesenheit des H: Papa verfertigt hatte, und bath H: Papa um seine Erinnerung hierüber, wir spielten diese Trio, der Papa spielte mit der Viola den Baß, der Wenzl das erste Violin, und ich sollte das 2te spielen, Wolfgangerl bath, daß er das 2te Violin spielen dörfte, der Papa aber viewieß ihm seine närrische bitte, weil er noch nicht die geringste Anweisung in der Violin hatte, und Papa glaubte, daß er nicht das mindeste zu leisten im Stand wäre. Wolfgang sagte, Um ein 2tes Violin zu spielen braucht es ja wohl nicht, erst gelernt zu haben, und als Papa darauf bestand, daß er gleich fortgehen, und uns nicht weiter beunruhigen sollte, fieng Wolfgang an bitterlich zu weinen und trollte sich mit seinem Geigerl weg. Ich bath, daß man ihn mit mir möchte spielen lassen, endlich sagte Papa, geig mit H: Schachtner, aber so still, daß man dich nicht hört, sonst musst du fort, das geschah. Wolfgang geigte mit mir, bald bemerkte ich mit Erstaunen, daß ich da ganz überflüssig seye, ich legte still meine Geige weg, und sah Ihren H: Papa an, dem bei dieser Scene die Thränen der Bewunderung und des Trostes über die Wangen rollten, und so spielte er alle 6 Trio. Als wir fertig waren wurde Wolfgang durch unsern Beyfall so kühn, daß er behauptete auch das 1 Violin spielen zu können. Wir machten zum Spaße einen Versuch, und wir mussten uns fast zu Tode lachen, als er auch dieß, wie wohl mit lauter unrechten und unregelmässigen Applicaturen doch so spielte, daß er doch nie ganz stecken blieb.«

Leopold Mozart wird gerne als der strenge Vater und Lehrer beschrieben, der seine Kinder gnadenlos drillte. Doch weder die Briefe und Aufzeichnungen Nannerls noch Wolfgangs bestätigen dies. Im Gegenteil. Der Mann war kein unbedeutender Komponist und Geiger. Seine Werke wurden im ganzen deutschsprachigen Europa gespielt, seine Violinschule war ein angesehenes, vielbeachtetes theoretisches Lehrwerk. Zwar gab er das Komponieren und Unterrichten nicht völlig auf – schließlich war er der Ernährer der Familie –, doch stellte er die eigene Profession hintan, um sich verstärkt der Ausbildung seiner Kinder zu widmen. Man kann nicht genug würdigen, dass er die überdurchschnittliche Begabung seines Sohnes erkannte und selbstlos förderte, ohne im eigenen Kind den Konkurrenten zu sehen.

Die Residenzstadt Salzburg hatte laut einer Volkszählung aus dem Jahr 1771 gut 16 000 Einwohner. Wien hatte zur selben Zeit mehr als das Zehnfache. Salzburg zählte nicht zu den habsburgischen Erblanden, sondern war als Fürsterzbistum ein selbständiges geistliches Fürstentum innerhalb des Heiligen Römischen Reiches Deutscher Nation. Da es im ›baierischen Reichskreis‹ lag, war es immer wieder Schauplatz der Auseinandersetzungen zwischen Österreich und Bayern. Die unmittelbare Nähe von Dom und Residenz in Salzburg ist ein sichtbares Zeichen geistlich-weltlicher Doppelfunktion der regierenden Fürsterzbischöfe. Politik, Hofhaltung und gesellschaftliches Leben waren stark durch die jeweiligen Landesfürsten geprägt. Mozart erlebte zwei gegensätzliche Herrscher in Salzburg nacheinander: Siegmund Christoph Graf von Schrattenbach regierte von 1753 bis 1771 und Hieronymus Graf Colloredo von 1772 bis 1803. Während Schrattenbach den Bau von Waisenhäusern und Kirchen förderte und auch den Künsten sehr zugetan war, setzte Colloredo sich den wirtschaftlichen Aufschwung zum Ziel, leitete Sparmaßnahmen ein und nahm Kürzungen bei der Musik- und Theaterpflege vor. Auch die Mozarts bekamen den Sparzwang und die bisweilen pedantische Kleinlichkeit Colloredos zu spüren, hatten sie sich doch an die Großzügigkeit Schrattenbachs gewöhnt. Dieser hatte Leopold 1763 zum Vizekapellmeister ernannt und den dreizehnjährigen Wolfgang 1769 zum – wiewohl unbesoldeten – salzburgischen Konzertmeister. Anfang Januar 1772 sollte das Jubiläum der fünfzigjährigen Priesterschaft Schrattenbachs begangen werden, für das Mozart seine Anzione teatrale ›Il sogno di Scipione‹ komponierte, doch Schrattenbach starb im Dezember 1771, und die Komposition wurde kurzerhand auf Colloredo umgewidmet. 1772 trat Colloredo sein neues Amt an, und noch im gleichen Jahr stellte er Mozart als besoldeten Konzertmeister der Hofkapelle mit einem Jahresgehalt von 150 Floren ein.

Salzburg, Hofplatz: mit Ausfahrt des Erzbischofs,
Ölgemälde von Karl Schneeweiß, um 1778

Hieronymus Graf Colloredo, Fürsterzbischof
von Salzburg, anonymes Ölgemälde

Nach Mozarts Rückkehr aus Paris berief Colloredo 1779 den dreiundzwanzigjährigen Musiker als Domorganisten mit einem Jahresgehalt von 450 Floren. Als es zwischen Mozart und seinem Dienstherrn 1781 jedoch zu Auseinandersetzungen kam, zeigte Colloredo sich unnachgiebig und streng. Es kam zum Bruch, Mozart zog aus Salzburg weg nach Wien. In den Briefen Mozarts aus dieser Zeit ist kein gutes Wort über Colloredo zu finden, er wird gar abfällig mit Schimpfworten wie ›Großmufti‹ bedacht. Am 9. Mai 1781 schreibt Mozart empört an seinen Vater nach Salzburg: »Ich bin noch ganz voll der Galle! – und sie, als mein bester, liebster, vatter, sind es gewis mit mir. – man hat so lange meine Gedult geprüft – endlich hat sie aber doch gescheitert. ... sollte ihnen aber der erzbischof ... die mindeste impertinenz thun, so kommen sie alsogleich mit meiner schwester zu mir nach Wien – wir können alle 3 leben, das versichere ich sie auf meine Ehre – ... ich hasse den Erzbischof bis zur raserey.«

ich hasse den Erzbischof bis zur raserey.

Die beiden Violinsonaten KV 6 und KV 7 sind die ersten gedruckten Werke Mozarts. Sie entstanden aber nicht als ein bereits geschlossener Satzzyklus, sondern wurden aus verschiedenen kleineren Klavierwerken zusammengestellt, die Mozart schon vorher geschrieben hatte. So besteht die Sonate KV 6 beispielsweise aus einem Allegro in C-Dur, das im Oktober 1763 in Brüssel entstanden war und das Leopold in Nannerls Notenbuch aufgezeichnet hatte, aus einem Andante etwa aus der gleichen Zeit, aus einem ersten Menuett ebenfalls aus der Brüsseler Zeit und aus einem zweiten Menuett, das Mozart schon am 16. Juli 1762 in Salzburg komponiert hatte. Lediglich den vierten Satz, das Finale, hat Mozart wahrscheinlich erst kurz vor der Drucklegung der Sonate neu hinzukomponiert. Diese und zwei weitere Sonaten (KV 8, KV 9) ließ Leopold in Paris 1764 auf eigene Kosten drucken. Er berichtet am 1. Februar 1764 an Maria Theresia Hagenauer nach Salzburg:

stellen sie sich den Lermen für, den diese Sonaten in der Welt machen werden, wann am Titlblat stehet daß es ein Werk eines Kindes von 7 Jahren ist.

»Nun sind 4 Sonaten von Mr: Wolfgang Mozart beym stechen. stellen sie sich den Lermen für, den diese Sonaten in der Welt machen werden, wann am Titlblat stehet daß es ein Werk eines Kindes von 7 Jahren ist ... Und ich kann ihnen sagen liebste Frau Hagenauerin, daß Gott täglich neue Wunder an diesem Kinde wirket.«

Und ich kann ihnen sagen ..., daß Gott täglich neue Wunder an diesem Kinde wirket.

Auch Baron Friedrich Melchior von Grimm, der zu den Förderern der Familie Mozart in Paris zählte, zeigte sich vom Talent des jungen Komponisten begeistert. In seiner auf Französisch erscheinenden Zeitschrift ›Correspondance littéraire‹ heißt es am 1. Dezember 1763 über Mozart: »Er schreibt und komponiert mit einer unglaublichen Leichtigkeit, ohne das Klavier zu benutzen und nach den Harmonien zu suchen. ... Ich sehe es noch kommen, dass dieses Kind mir den Kopf verdreht, wenn ich es noch oft höre; es macht mir begreiflich, dass es schwierig ist, sich gegen den Wahnsinn zu schützen, wenn man Wunder sieht.«

Titelblatt des Erstdrucks der Violinsonaten KV 6 und KV 7,

Paris 1764, der Prinzessin Victoire gewidmet

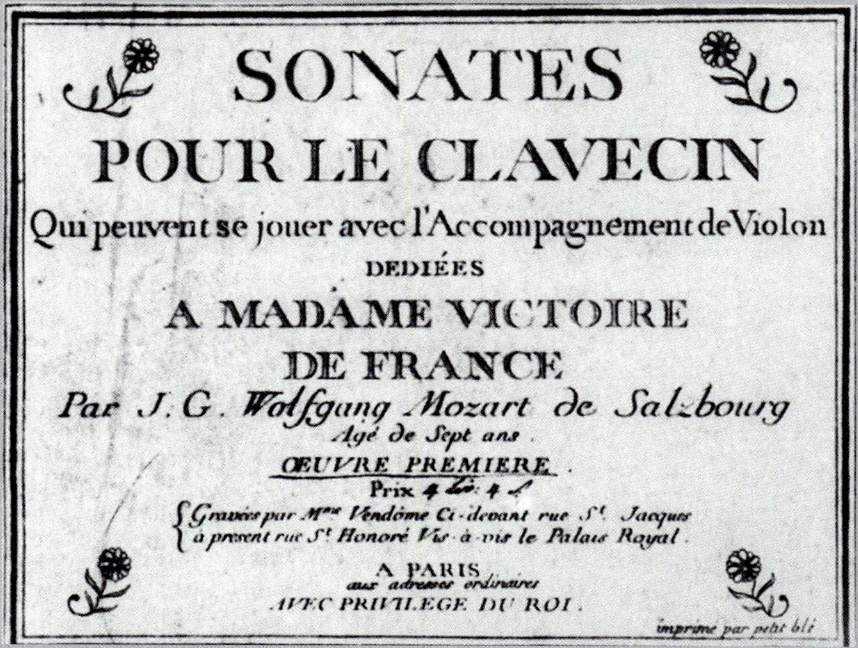
SONATES
POUR LE CLAVECIN
Qui peuvent se jouer avec l'Accompagnement de Violon
DEDIÉES
A MADAME VICTOIRE
DE FRANCE
Par J. G. Wolfgang Mozart de Salzbourg
Agé de Sept ans.
ŒUVRE PREMIERE.
Prix 4 liv: 4 s.
Gravées par Mme Vendôme Ci-devant rue St. Jacques
à present rue St. Honoré Vis-à-vis le Palais Royal.
A PARIS
aux adresses ordinaires
AVEC PRIVILEGE DU ROI.
imprimé par petit bli

Allegro C-Dur für Klavier KV 6, Handschrift Leopolds aus Nannerls Notenbuch mit

dem Vermerk ›Di Wolfgango Mozart, d. 14 octob. 1763 in Bruxelles‹, Faksimile

KINDHEIT UND JUGEND AUF REISEN

Die ersten sieben Jahre seines Lebens verbrachte Mozart in Salzburg – mit Ausnahme einer dreiwöchigen Reise nach München im Januar 1762 und einer knapp viermonatigen Reise nach Wien ab September desselben Jahres. Im Juni 1763 brach der siebenjährige Knabe mit seiner Familie zur ersten großen Reise durch Europa auf. Im März 1781 übersiedelte der fünfundzwanzigjährige Komponist endgültig nach Wien. Zählt man die Dauer aller Reiseetappen zusammen, so verbrachte Mozart innerhalb dieser knapp achtzehn Jahre des Erwachsenwerdens etwa ebenso viel Zeit auf Reisen wie in seiner Heimatstadt. Das Reisen im 18. Jahrhundert war sehr beschwerlich, teuer und zeitaufwändig. Zum Gepäck gehörten nicht nur ausreichend Kleidung und Schuhe, sondern auch diverse Utensilien wie Reisebestecke, Reiseuhren, Routenhandbücher, Geldumrechnungstabellen und nicht zuletzt Reiseinstrumente und Reiseschreibzeug. Konnte man nicht im eigenen Wagen fahren, nahm man die Postkutsche, musste mit schlecht gefederten oder gar völlig ungefederten Wagen vorlieb nehmen und meist lange Wartezeiten beim Wechsel der Pferde auf den Poststationen einkalkulieren. Leopold klagt von der ersten Wien-Reise am 29. Dezember 1762: »wir reisten diesen Tag nicht sonderlich bequemm, indem der weeg zwar ausgefrohren, allein unbeschreiblich knopPericht und voller tieffer gruben und schläge war; denn die Ungarn machen keinen weeg. Hätte ich in Pressburg nicht einen Wagen kauffen müssen, der recht gut gehängt ist, so hätten wir ganz gewiß ein paar Rippen weniger nach Hause gebracht.« Am 11. Juni 1763 schreibt Leopold aus Wasserburg: »Das heist auf der Schneckenpost gereiset! – – aber nicht aus unserer Schuld. 2 Stunden ausser Wasserburg brach uns ein hinteres Rad in Stücken. Da sassen wir.« Wagner und Schmied wurden gerufen, um ein neues Rad herzustellen, und die Reparatur zog sich über einen Tag hin, was nicht nur die Weiterfahrt ungeplant verzögerte, sondern auch noch erhebliche Zusatzkosten verursachte, denn die Handwerker mussten bezahlt, außerdem derweil Pferd und Kutscher verpflegt werden.

Equipage aus dem Skizzenbuch
eines Wagenbauers, 1750

Auf der Rückreise von Paris schrieb Wolfgang am 3. Oktober 1778 seinem Vater erschöpft: »Ich habe nun 8 tage in diesen wagen ausgehalten; länger wäre ich es aber nicht im stande - nicht wegen der strapaz, denn der wagen ist gut gehenckt, sondern nur wegen den schlafen; alle tage um 4 uhr weg, mithin um 3 uhr aufstehen ... sie wissen daß ich im wagen nicht schlafen kann - mithin könnte ich es ohne gefahr kranck zu werden, nicht so fortsetzen.« Auf der Reise nach München hatte Mozart nur einen höchst unkomfortablen Wagen. Am 8. November 1780 schilderte er: »dieser Wagen stößt einem doch die Seele heraus! - und die Sitze! - hart wie stein! - von Wasserburg aus glaubte ich in der that meinen Hintern nicht ganz nach München bringen zu können! - er war ganz schwierig - und vermuthlich feüer Roth - zwey ganze Posten fuhr ich die Hände auf dem Polster gestützt, und den Hintern in lüften haltend - - - doch genug davon, das ist nun schon vorbey! - aber zur Regel wird es mir seyn, lieber zu fus zu gehen, als in einem Postwagen zu fahren.« Reisen bedeutete aber nicht nur Strapazen. Es machte Mozart auch Spaß, am 14. Dezember 1769 schrieb der Dreizehnjährige seiner Mutter: »Mein herz ist völig entzücket, aus lauter vergnügen, weil mir auf dieser reise so lustig ist, weil es so warm ist in den wagen, und weil unser gutscher ein galanter kerl ist, welcher, wen es der weg ein bischen zuläst so geschwind fahrt.« Als selbstbewusster Zweiundzwanzigjähriger reflektiert er die Vorzüge des Reisens und schreibt am 11. September 1778 aus Paris an seinen Vater: »ich versichere sie, ohne reisen | wenigstens leüte von künsten und wissenschaften | ist man wohl ein armseeliges geschöpf! ... ein Mensch von mittelmässigen Talent bleibt immer mittelmässig, er mag reisen oder nicht - aber ein Mensch von superieuren Talent | welches ich mir selbst, ohne gottlos zu seyn, nicht absprechen kan | wird - schlecht, wenn er immer in den nemlichen ort bleibt.«

Mein herz ist völig entzücket ..., weil mir auf dieser reise so lustig ist, weil unser gutscher, wen es der weg ein bischen zuläst so geschwind fahrt.

ich versichere sie, ohne reisen | wenigstens leüte von künsten und wissenschaften | ist man wohl ein armseeliges geschöpf!

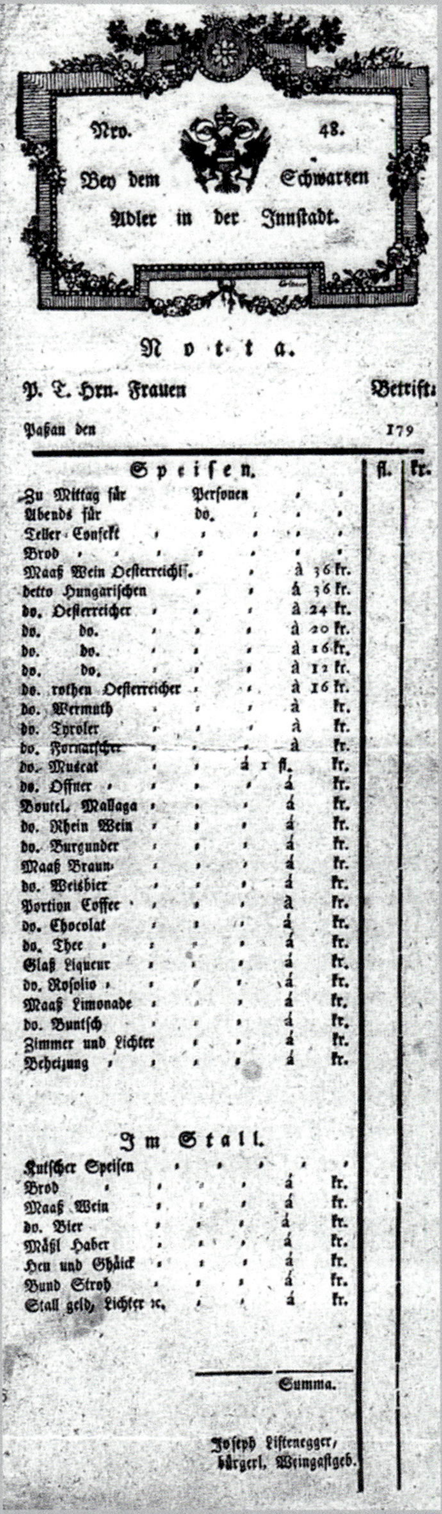

Nro. 48.
Bey dem Schwartzen Adler in der Innstadt.

N o t a.

P. T. Hrn. Frauen Betrifft:

Paßau den 179

Speisen.		fl.	kr.
Zu Mittag für Personen			
Abends für do.			
Teller-Confekt			
Brod			
Maaß Wein Oesterreichis.	à 36 kr.		
detto Hungarischen	à 36 kr.		
do. Oesterreicher	à 24 kr.		
do. do.	à 20 kr.		
do. do.	à 16 kr.		
do. do.	à 12 kr.		
do. rothen Oesterreicher	à 16 kr.		
do. Wermuth	à kr.		
do. Tyroler	à kr.		
do. Fornarscher	à kr.		
do. Muscat	à 1 fl. kr.		
do. Offner	à kr.		
Boutel. Mallaga	à kr.		
do. Rhein Wein	à kr.		
do. Burgunder	à kr.		
Maaß Braun-	à kr.		
do. Weisbier	à kr.		
Portion Coffee	à kr.		
do. Chocolat	à kr.		
do. Thee	à kr.		
Glaß Liqueur	à kr.		
do. Rosolio	à kr.		
Maaß Limonade	à kr.		
do. Buntsch	à kr.		
Zimmer und Lichter	à kr.		
Beheizung	à kr.		
Im Stall.			
Kutscher Speisen			
Brod	à kr.		
Maaß Wein	à kr.		
do. Bier	à kr.		
Mäßl Haber	à kr.		
Heu und Ghäick	à kr.		
Bund Stroh	à kr.		
Stall geld, Lichter ic.	à kr.		
Summa.			

Joseph Liftenegger, bürgerl. Weingastgeb.

Dukat, 1790, Vorder- und Rückseite, Gold

Preisliste des Gasthauses ›Schwarzer Adler‹ in Passau, um 1790

Die Reisen waren für Leopold Mozart mit einem hohen finanziellen Risiko verbunden, obwohl ihn der Fürsterzbischof bisweilen finanziell unterstützte. In der Regel machte Leopold jedoch Schulden, um die Reisen zu bezahlen, und versuchte dann unterwegs durch Konzerte möglichst viel Geld zu verdienen.

Im 18. Jahrhundert gab es ein kompliziertes Währungssystem mit den unterschiedlichsten Geldsorten. Der Goldgulden (abgekürzt ›fl‹, von ›Floren‹) war die wichtigste Goldmünze, Taler und silberne Gulden die wichtigsten Silbermünzen. Der Kreuzer (abgekürzt ›kr‹ oder ›xr‹) war ebenfalls aus Silber, er wurde aber ab 1760 in Österreich aus Kupfer geprägt. Um die Mitte des 17. Jahrhunderts war ein silberner Gulden 60 Kreuzer wert, ein Taler 90 Kreuzer. Ein Goldgulden zählte zwei Gulden und zehn Kreuzer, ein Dukat war drei Gulden wert und auch Pfennige und Groschen waren im Umlauf. Erst Ende des 19. Jahrhunderts setzte sich in Deutschland die Mark, in Österreich die Krone als Währung durch. Der Gulden blieb niederländische Währungseinheit. Noch komplizierter wurde die Umrechnung auf den Reisen durch fremde Währungen. So gab es in Preußen den Reichstaler, in Frankreich den Louis d'or, den Laubthaler und den Sols, am Niederrhein die Stüber Landmünze, Mark und Heller, in den Niederlanden den Soverain d'or, Stüver, Patacons, Kronenthaler, Liards und Double Liards, in England Guinea und Shilling, in Ober- und Mittelitalien Zecchino, Lire, Soldo, Denari, Paoli, Scudo, Bajocchi, in Unteritalien Oncia d'oro, Carlino, Grano – um nur einige der zahlreichen Geldsorten zu nennen.

Es ist schwer den Wert der damaligen Münzen in Euro anzugeben. Aus dem Gegenwert in Dienstleistungen und Naturalien kann man nur ungefähr ableiten, dass ein Floren aus den 1780er Jahren heute etwa 30 Euro entspräche. Als Konzertmeister in Salzburg verdiente Mozart 150 Floren pro Jahr, in Wien wurde er als Kammerkomponist mit 800 Floren jährlich besoldet. Neben dem regelmäßigen Einkommen erhielt Mozart Honorare: Er verdiente 1781 für eine Klavierstunde einen halben Dukaten und für die sechs Joseph Haydn gewidmeten Streichquartette verlangte Mozart von seinem Verleger 50 Louis d'or, umgerechnet 450 Floren – ein ungewöhnlich hohes Honorar. Die Honorare für

seine Opern waren unterschiedlich und lagen zwischen 225 (›Der Schauspieldirektor‹) und 900 Floren (›La clemenza di Tito‹ und ›Così fan tutte‹). Da viele Einnahmen unbenannt sind, kann Mozarts Jahreseinkommen nur vage geschätzt werden. Es dürfte in seinen Wiener Jahren etwa bei 3000 bis 4000 Floren gelegen haben. Von Armut kann also keine Rede sein.
München war von Salzburg aus das nächste größere Reiseziel. Man benötigte für die Strecke von 140 Kilometern eine Fahrtzeit von ungefähr 22 Stunden. Den Ankommenden bot sich etwa der von Canaletto dargestellte Blick von Osten auf die Stadt an der Isar. Im Vordergrund links sind Zollhaus und Brückentor zu erkennen, mittig im Hintergrund die im 15. Jahrhundert erbaute Frauenkirche, links neben ihr die Türme von St. Peter, der Spitalkirche Heilig Geist und des Alten Rathauses. Ganz rechts im Bild ist die Theatinerkirche zu sehen. München hatte mit rund 35 000 Einwohnern zur Mitte des 18. Jahrhunderts mehr als doppelt so viele Einwohner wie Salzburg. Dieser Stadt galt die erste Konzertreise Leopolds mit seinen beiden Kindern im Januar 1762. Wolfgang und Nannerl konzertierten mit großem Erfolg vor dem bayrischen Kurfürsten Maximilian III. Joseph. Im September 1777 führte auch Wolfgangs Bewerbungsreise ihn und die Mutter zunächst nach München, doch blieben seine dortigen Bemühungen um eine Anstellung erfolglos, so dass sie nach Mannheim und Paris weiterfuhren. 1774 erhielt Mozart aus München einen Opernauftrag. Von wem genau er die ›Scrittura‹ für München bekam, ist nicht eindeutig zu klären. Auch die Frage nach der Librettovorlage für ›La finta giardiniera‹ bleibt unklar. Es gibt einige Hinweise darauf, dass Mozart das Libretto benutzt hat, das auch schon Pasquale Anfossi als Vorlage für seine kurz zuvor in Rom uraufgeführte Oper diente, und dass es von dem erfolgreichen Librettisten Giuseppe Petrosellini stammt. Die für den 29. Dezember angesetzte Uraufführung musste verschoben werden, »damit die sänger solche besser lernen, und wenn sie die Musik recht im Kopf haben, sicherer agieren können, damit die opera nicht verdorben wird, welches bis den 29 Decemb: eine übereilte sache gewesen wäre. Kurz! die Composition der Musik gefällt erstaunlich, und wird also den 5ten Jenner auf-

München von Osten, Ölgemälde von

Bernardo Bellotto, genannt Canaletto, 1761

München, Schloss Nymphenburg, Ölgemälde

(Ausschnitt) von Canaletto, 1761

geführt werden.« (Leopold an seine Frau, 28. Dezember 1774). Begeistert berichtete Mozart am Tag nach der erneut verschobenen Uraufführung der Mutter: »Gottlob! Meine opera ist gestern als den 13ten in scena gangen; und so gut ausgefallen, daß ich der Mama den lärmen ohnmöglich beschreiben kan. Erstens war das ganze theater so gestrozt voll, daß vielle leüte wieder zurück haben müssen. Nach einer jeden Aria war alzeit ein erschröckliches getös mit glatschen, und viva Maestro schreyen.«
Die nächste München-Reise trat Mozart im November 1780 alleine an. Er fuhr zur Einstudierung seiner Oper ›Idomeneo‹, ebenfalls ein Auftragswerk für den Münchner Hof. Die Uraufführung fand am 29. Januar 1781 im Residenztheater statt. ›Idomeneo‹, die erste der sieben großen Opern Mozarts, ist das verschwenderischste Bühnenwerk Mozarts. In allen folgenden geht der Komponist sehr viel ökonomischer mit dem musikalischen Material um, in ›Idomeneo‹ aber will er alles zeigen. Leopold warnt: »Ich empfehle dir Bey deiner Arbeit nicht einzig und allein für das musikalische, sondern auch für das ohnmusikalische Publikum zu denken, – du weist es sind 100 ohnwissende gegen 10 wahre Kenner, – vergiß also das so genannte populare nicht, das auch die langen Ohren Kitzelt.« (13. Dezember 1780). Und Wolfgang beruhigt: »wegen dem sogenannten Popolare sorgen sie nichts, denn, in meiner Oper ist Musick für aller Gattung leute; – ausgenommen für lange ohren nicht.« (16. Dezember 1780). Leopold hat weitere Ratschläge parat: »Suche nur das ganze Orchester bey guter Laune zu erhalten, ihnen zu schmeicheln und sie durch die Bank mit Lobeserhebungen Dir geneigt zu erhalten; denn ich kenne Deine Schreibart, es gehört bey allen Instrumenten die unausgesetzte erstaunlichste Aufmerksamkeit dazu, und es ist eben kein Spaaß, wenn das Orchester wenigstens drey Stunden mit solchem Fleiß und Aufmerksamkeit angespannt seyn muß. Jeder, auch der schlechteste Bratschist, ist auf's Empfindlichste gerührt, wenn man ihn tête à tête lobt, und wird dadurch eifriger und aufmerksamer, und so eine Höflichkeit kostet Dich nichts, als ein paar Worte.« (25. Dezember 1780). Bei einer Probe der Oper war auch Kurfürst Karl Theodor anwesend und zeigte sich

begeistert. Er gab Mozart »auf das freundlichste seinen Beyfall, und sagte lachend; – man sollte nicht meynen, daß in einem so kleinen kopf, so was grosses stecke« (27. Dezember an den Vater).

Im Juni 1763 trat die Familie Mozart ihre erste große Konzertreise an. Die Reise führte erstmalig ins Ausland, sie sollte knapp dreieinhalb Jahre dauern und rund 20 000 Floren verschlingen. Zu Reisebeginn war Nannerl zwölf Jahre alt und Wolfgang sieben. Paris war ein festes, London ein vages Reiseziel, die übrige Route ergab sich erst unterwegs. Übernachtet wurde meist in einfachen Gasthäusern und Hotels oder selten bei Bekannten. Leopold versuchte, die Konzerte seiner Kinder nach einem bestimmten Prinzip zu organisieren: Man gab bei einem möglichst einflussreichen Gönner ein erstes Konzert, idealerweise auf Empfehlung. Durch Mundpropaganda über die sensationellen Wunderkinder folgten weitere Auftrittsmöglichkeiten. Die Familie war aber nicht nur bestrebt, durch einträgliche Konzerte und wertvolle Geschenke die Reisekasse zu füllen, sie verstand die Tour auch als Bildungsreise und besichtigte unterwegs möglichst viele Sehenswürdigkeiten, die Leopold und Nannerl in ihren Reisenotizen genau festhielten. Nach fünf Monaten Reise mit Stationen in mehr als fünfunddreißig Städten kamen die Mozarts am 18. November 1763 in Paris an und blieben dort bis zum 10. April des folgenden Jahres. Der Aufenthalt war überaus erfolgreich. Die Mozart-Kinder konzertierten bei Hof, spielten in öffentlichen Konzerten, man konnte wichtige Kontakte in der aristokratischen Gesellschaft knüpfen und erhielt in Versailles sogar eine Audienz bei König Ludwig XV. von Frankreich und der ›maîtresse en titre‹ Madame Pompadour, der einflussreichen Geliebten des Königs, über die Leopold im Dezember 1763 urteilte: »die Madame Pompadour ist eine noch schöne Person, hat viel ähnliches mit der verstorbenen fr: Steinerin oder Freysauf teresel. auch etwas von der Bildung der Röm: Kayserin, sonderheit: in den Augen. Sie ist von einem grossen Hochmuth, und Regiert noch zur Stunde alles.« In Paris lernten die Mozarts auch den Zeichner und Dichter Louis Carrogis de Carmontelle kennen, der vor allem für seine Porträts in Profilansicht bekannt war und der nun auch

Leopold Mozart mit seinen Kindern, lavierte Bleistiftzeichnung
von Louis Carrogis de Carmontelle, um 1763

Leopold mit seinen beiden Kindern musizierend darstellte. Er malte verschiedene Fassungen, so dass es insgesamt drei authentische Varianten des Bildes gibt. Außerdem schuf der Kupferstecher Christian von Mechel einen Stich der Zeichnung von Carmontelle, den Leopold auf der Weiterreise gleichsam als Werbebild einsetzte.

In Paris fanden die Mozarts besonders in Baron von Grimm, Sekretär des Herzogs von Orléans, einen engagierten Fürsprecher. Er berichtete nicht nur in seiner Zeitschrift ›Correspondance littéraire‹ über die Mozart-Kinder, er war es auch, der den Mozarts Zugang zum Hof und zum Pariser Adel verschaffte. Begeistert äußert sich Leopold am 1. April 1764: »Nun müssen sie aber auch wissen wer dieser Mann ist, dieser mein grosser Freund, von dem ich hier alles habe, dieser M^{r}: Grimm. Er ist Secretaire vom Duc d'Orleans; ein gelehrter Mann und ein grosser Menschenfreund. Alle meine übrigen Briefe und Recomendationen waren nichts ... Der einzige M^{r}: grimm, an den ich von einer KaufmannsFrau in Frankfurt einen Brief hatte, hat alles gethann. Er hat die Sache nach Hofe gebracht; er hat das erste Concert besorget, und er allein hat mir 80. Louis d'or bezahlt, folglich 320. Billets versorget, und noch die illumination in Wachs bezahlt, da über 60. Stück tafel Kerzen gebrennt haben; Nun dieser Grimm hat die Erlaubnis des Concerts ausgewürcket, und wird nun auch das zweyte besorgen, wozu schon über 100 Billets ausgetheilt sind. Sehen sie was ein Mensch kann der vernunft und ein gutes herz hat.« Der Ruf des Wunderknaben eilte Wolfgang voraus, das öffentliche Interesse an dieser ›Attraktion‹ war groß. Besonderes Aufsehen erregte er aber nicht nur durch die Präsentation eingeübter Stücke mit seiner Schwester, sondern auch durch die Bewältigung verschiedener Sonderaufgaben, wie das Vom-Blatt-Spielen fremder Stücke, das Spiel mit verdeckten Tasten und die Improvisation. Aber auch mit ersten eigenen Kompositionen machte das spielende Wunderkind auf sich aufmerksam und begeisterte seine Zuhörer. Eine weitere Sonderaufgabe war eine ad hoc ausgeführte Kompositionsprobe. Eine vorgegebene Melodie führte er ohne Schwierigkeiten fort, setzte sie mit Begleitstimmen aus und formte sie zu einem kleinen, in sich abgeschlossenen Stück. Doch als ein Wunder galt Mozart nur im Kindesalter. Dem jungen Erwachsenen sprach man ein besonderes Talent und eine große Begabung freilich nicht ab – ein allerorts begehrtes Wunder aber war er nicht mehr. Es muss eine schmerzliche Erfahrung für Mozart gewesen sein, dass Baron Grimm den Zweiundzwanzigjährigen auf dessen zweiter Paris-Reise 1778 nicht mehr so fördern konnte, wie er den Achtjährigen gefördert hatte. Lapidar schreibt Mozart seinem Vater am 11. September 1778, dass »der M:r grimm im stande ist kindern zu helfen, aber nicht erwachsenen leüten«.

Von Paris aus, dem unbestrittenen Macht- und Kulturzentrum des Kontinents, machte sich die Familie im April 1764 auf den Weg nach England. In Calais ließ man den Reisewagen zurück und setzte per Schiff nach Dover über. Leopold scherzte am 25. April über die unangenehme Überfahrt über den Kanal, den er mit einem kleinen Bach in der Nähe von Salzburg verglich: »Wir sind, gott Lob, glücklich über den Maxlaner=Bach gekommen, allein ohne S:V: Spei = = übergaab ist es nicht abgegangen doch hat es mich am meisten hergenohmen. Es ware aber das geld ersparet: Medicin zum brechen einzunehmen. und wir sind, gott seye dank, alle gesund.« Auf der Reise hatten sie bereits wichtige musikalische Erfahrungen sammeln können. In Ludwigsburg waren sie beispielsweise dem Hofkapellmeister am württembergischen Hof Niccolò Jommelli begegnet, einem der bedeutendsten Repräsentanten der neapolitanischen Oper des 18. Jahrhunderts. In Schwetzingen, der Sommerresidenz des Kurfürsten Karl Theodor von der Pfalz, hatten sie erstmals die berühmte Mannheimer Hofkapelle gehört und viele Orchestermitglieder kennen gelernt. Der große Erfolg in Paris schließlich machte es Leopold nun leicht, in London Fuß zu fassen. Schon am 27. April – nur vier Tage nach ihrer Ankunft – erhielten die Mozarts Audienz bei Hof. König George III. und Königin Charlotte Sophie empfingen die Familie im Buckingham-House und ließen die Kinder musizieren. Bei weiteren Konzerten durfte Wolfgang gar die Königin bei einer Arie begleiten. Doch die Mozarts konzertierten nicht nur bei Hof. Im Gegensatz zu Paris oder Wien zeichnete

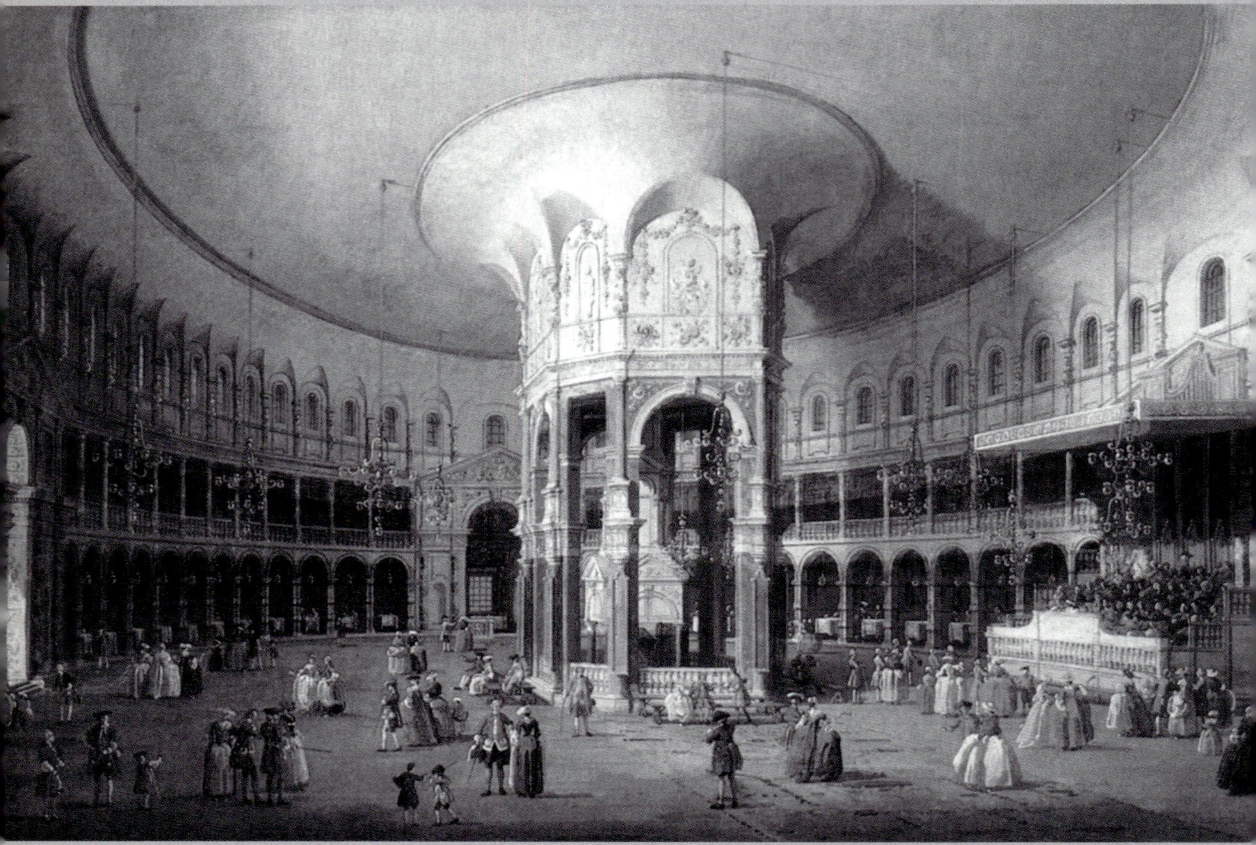

Innenansicht der Rotunda in Ranelagh Pleasure Gardens,

Ölgemälde von Canaletto, 1754

sich die Musikmetropole London im 18. Jahrhundert durch eine Vielzahl öffentlicher Konzertgesellschaften aus, die auf Subskriptionsbasis geführt wurden, was Leopold für sich zu nutzen wusste. Neben dem Hof und dem Adel hatte dadurch gerade auch das reiche Bürgertum entscheidenden Einfluss auf das kulturelle Leben der Stadt. Am 5. Juni 1764 gaben die Mozart-Kinder ihr erstes öffentliches Konzert im großen Saal in Spring Gardens. Am 29. Juni folgte das zweite öffentliche Konzert in Ranelagh Pleasure Gardens, ein Wohltätigkeitskonzert für den Bau eines Hospitals. Bei ihrem dritten öffentlichen Konzert am 21. Februar 1765 im Haymarket Little Theatre kamen die ersten Sinfonien Wolfgangs zur Aufführung. Angespornt durch den Erfolg gab Leopold im ›Public Advertiser‹ am 8. Juli 1765 eine Anzeige auf und verkündete, dass die Kinder täglich von zwölf bis drei Uhr im großen Saal des Gasthauses ›Swan and Harp Tavern‹ in Cornhill zu hören seien: »Mr. Mozart, the Father of the celebrated young Musical Family ... will give an Opportunity to all the Curious to hear these two young Prodigies perform every Day from Twelve to Three. Admittance 2s 6d each Peron. He beginns Tomorrow the 9th instant.« Der Versuch Leopolds, selbst Konzerte zu organisieren, blieb allerdings erfolglos.

Zu den prägendsten Bekanntschaften Mozarts in England gehört zweifellos diejenige des jüngsten Bach-Sohns Johann Christian Bach. Bach war ein wichtiger Vertreter der italienischen Opera seria und war aufgrund seiner großen Opernerfolge 1762 nach England gekommen. Dort eröffnete er im Januar 1764 gemeinsam mit dem Gambisten und Komponisten Karl Friedrich Abel die so genannten Bach-Abel-Konzerte. Mit diesen Konzertzyklen wollte er vor allem die Sinfonie, das Solokonzert und das solistische Klavierspiel popularisieren. Das Verhältnis Bachs zu dem einundzwanzig Jahre jüngeren Mozart war von herzlicher Zuneigung geprägt. Obwohl nicht bezeugt ist, dass Bach Mozart unterrichtet hat, übte er einen großen Einfluss auf Mozart aus und gilt als wichtigstes musikalisches Vorbild für dessen kompositorische Entwicklung. Dass Mozart die Kompositionen Bachs genau studiert hat, ist den in England entstandenen Sonaten deutlich anzuhören. Auch in Mozarts Sinfonie KV 19 aus dem Jahr

1765 lassen sich zahlreiche stilistische wie formale Bezüge zu Bach erkennen. Besonders prägend wirkte das von Bach entwickelte ›Allegro cantabile‹ auf Mozart. Seine ersten drei Klavierkonzerte (KV 107) waren keine eigenständigen Kompositionen, Mozart schrieb sie vielmehr nach den Klaviersonaten zwei, drei und vier der ›Six Sonates pour le Clavecin ou le Piano Forte‹ Johann Christian Bachs. Die Mozart-Kinder waren mittlerweile zu Berühmtheiten avanciert. Der holländische Gesandte in London, Jan Walraad Graf Walderen, bat die Mozarts darum, ihren Rückweg aus London über Den Haag zu wählen, um dort den Prinzen Wilhelm V. von Oranien treffen zu können. Die Familie kam dem Wunsch nach. Nachdem sie in acht verschiedenen Städten Station gemacht hatten, erreichten sie am 10. September 1765 Den Haag und blieben dort ein gutes halbes Jahr. Nannerl und Wolfgang erkrankten schwer an Typhus. Nannerl ging es kurzzeitig so schlecht, dass man ihr die letzte Ölung erteilte. Im April reisten sie weiter über Haarlem, Amsterdam, Utrecht, Antwerpen und Mechelen nach Brüssel. Und auch hier endete die Reise nicht. Statt direkt nach Salzburg zurückzukehren, fuhren sie erneut durch Frankreich und weiter durch die Schweiz. Die Reise führte über Valenciennes, Cambrai, Paris, Dijon, Lyon, Genf, Lausanne, Bern, Zürich, Winterthur, Schaffhausen, Donaueschingen, Meßkirch, Ulm, Günzburg, Dillingen, Augsburg und München. Am 29. November 1766 kamen sie schließlich nach Salzburg zurück. Auch auf den Etappen der Rückreise gelang es Leopold, den Ruf der Kinder als musikalische Virtuosen zu festigen. Das wichtigste Ziel der Europa-Reise, die Geschwister als konzertierende Wunderkinder in Adel- und Diplomatenkreise einzuführen und bekannt zu machen, war also erreicht. Dass zudem erste größere Kompositionen Wolfgangs entstanden waren und aufgeführt wurden und Wolfgang sogar schon Kompositionsaufträge erhielt, stärkte sein Renommee.

Die nächsten großen Auslandsreisen führten nach Italien und hatten bereits ein anderes Ziel. Wolfgang sollte nicht mehr nur als konzertierender Virtuose Aufsehen erregen, sondern sich auch als Komponist etablieren. Das bedeutete zunächst einmal, den in Italien herrschenden Musikgeschmack kennen zu ler-

›Prospetto del gran Teatro di Milano‹, Innenansicht des Mailänder Theaters, St ch von Marc'Antonio Dal Re, 1747

›Prospetto dell'entrata della Residenza Ducale‹, Der herzogliche Palast in Mailand, Stich von Georg Balthasar, um 1770

nen, dann musste er versuchen, diesem mit eigenen Kompositionen zu entsprechen. Außerdem sollten natürlich möglichst viele Bekanntschaften geknüpft und neue kulturelle Eindrücke gewonnen werden. Die Italien-Reisen unternahm Leopold mit seinem Sohn allein. Dass auch Nannerl Ambitionen als Komponistin gehabt haben könnte, stand außer Diskussion. Sie blieb mit ihrer Mutter in Salzburg.

Die wichtigsten Reiseziele der ersten und zugleich längsten Italien-Reise – sie dauerte ein Jahr und vier Monate – waren Verona, Mantua, Mailand, Bologna, Florenz, Rom und Neapel. Im Zentrum der beiden anderen, jeweils etwa nur vier Monate dauernden Italien-Reisen stand Mailand. Zu Beginn der ersten Reise wurde Wolfgang gerade vierzehn Jahre alt, am Ende der dritten war er siebzehn. Auch in Italien stieß Mozart auf Hochachtung. Leopold wunderte sich kaum noch darüber. Aus Florenz schrieb er am 3. April 1770 seiner Frau: »Die Sache gieng wie gewöhnlich und die Verwunderung war um so grösser, als Se: Ex: der Marchese Ligneville |: welcher ein Musiquedirector ist :| der stärkste Contrapunctist in ganz Italien ist, und folglich dem Wolfg: die schweresten Fugen vorgelegt und die schweresten Themata aufgegeben, die der Wolfg: wie man ein Stück brod isst, weggespielt und ausgeführt.« Am 11. April 1770 hörten die Mozarts in der Sixtinischen Kapelle das berühmte neunstimmige ›Miserere‹, eine Vertonung des 50. Psalms, die der päpstliche Kapellsänger Gregorio Allegri um 1638 geschrieben hatte. Da das Stück den Kapellsängern der Sixtina vorbehalten war, durfte es nicht kopiert werden. Wolfgang notierte das Stück nach einmaligem Hören aus dem Gedächtnis, so dass Leopold seiner Frau aus Rom berichten konnte (14. April 1770): »du wirst vielleicht oft von dem berühmten Miserere in Rom gehört haben, welches so hoch geachtet ist, daß den Musicis der Capellen unter der excommunication verbotten ist eine stimme davon. aus der Capelle weg zu tragen, zu Copieren, oder iemanden zu geben. Allein, wir haben es schon. der Wolfg: hat es schon aufgeschrieben.«

Der Franziskanermönch Giovanni Battista Martini aus Bologna war in ganz Europa bekannt. Er war Komponist und Kapellmeister an San Francesco in

Bologna, Musiktheoretiker, Lehrer und Musikhistoriker. Seine dreibändige, zwischen 1757 und 1781 erschienene Musikgeschichte ›Storia della Musica‹ zählt noch heute zu den Standardwerken der historischen Musikgeschichtsschreibung. Als Wolfgang und Leopold im März 1770 erstmals nach Bologna kamen, trafen sie auch Padre Martini. Wolfgang spielte vor und komponierte Fugen über Themen, die Martini vorgab. Der Mönch erbat von Leopold dessen Violinschule und überreichte ihm im Gegenzug seine Musikgeschichte. Dass Wolfgang bei Padre Martini Kompositionsunterricht nahm, ist zwar nirgends belegt, ist aber auch nicht unwahrscheinlich. Auf Initiative Martinis wurde Wolfgang in die renommierte Accademia Filarmonica aufgenommen. Die Aufnahmeprüfung bestand in einer Kompositionsübung. In Klausur hatte Mozart Kenntnisse im strengen Satz nachzuweisen. Er bestand glänzend und legte in nur einer halben Stunde die vierstimmige Magnificat-Antiphon ›Quaerite primum regnum Dei‹ (KV 86) vor. Stolz berichtet Leopold seiner Frau davon (20. Oktober 1770): »Es macht ihm dieses um so mehr Ehre, als die accademia schon über 100 Jahre alt ist und ausser dem P: Martino und anderen ansehnlichen Leuten Italiens auch die ansehnlichsten Männer anderer Nationen Mittglieder dieser accademiæ Bonnoniensis sind.« Man vermutet aber, dass Padre Martini dem Vierzehnjährigen bei der Bewältigung der schwierigen Kompositionsaufgabe geholfen hat.

Es ist schwer vorstellbar, dass Mozart Zeit und Gelegenheit hatte, Freundschaften zu gleichaltrigen Jugendlichen zu knüpfen. Von zwei freundschaftlichen Begegnungen wusste Leopold seiner Frau dennoch zu berichten (21. April 1770): »In Florenz fanden wir einen jungen Engelländer, welcher ein Schüler des Berühmten Violinisten Nardini ist. dieser knab, welcher wunderschön spielt, in des Wolfg: Grösse und alter ist, kam in das Hauß der gelehrten Poetin Sgra Corilla, wo wir uns aus recommendation des Mr: Laugier befanden. diese 2 knaben producierten sich wechselweise den ganzen abend unter beständigen umarmungen.« Nach der Abreise schrieben sich Mozart und Thomas Linley noch einige Briefe. Dauerhafte Freundschaften konnten sich während der lan-

Padre Giovanni Battista Martini, anonymes Ölgemälde

Titelblatt der ›Storia della Musica‹ von Giovanni Battista Martini, 1757

STORIA
DELLA MUSICA
TOMO PRIMO
ALLA SACRA REALE CATTOLICA
MAESTÀ
MARIA BARBARA
INFANTA DI PORTOGALLO, REGINA
DELLE SPAGNE ec. ec. ec.
Umiliato, e dedicato
DA FR. GIAMBATISTA MARTINI DE' MINORI CONVENTUALI
Accademico nell' Instituto delle Scienze, e Filarmonico.

IN BOLOGNA MDCCLVII.

Per Lelio dalla Volpe Impressore dell' Instituto delle Scienze.
Con licenza de' Superiori.

Mozart und Thomas Linley bei der Familie Gavard des Pivets in Florenz, anonymes Ölbild, Französische Schule, 18. Jahrhundert

gen Reisen nicht ergeben. Umso wichtiger muss Wolfgang der kontinuierliche, freundschaftliche und vertrauensvolle Kontakt zu seiner Schwester gewesen sein, über den die Briefe ein klares Zeugnis abgeben.

Ein freundschaftliches Verhältnis verband Mozart auch mit dem Generalgouverneur der Lombardei, Karl Joseph Graf Firmian. In ihm fand er einen einflussreichen Förderer. Schon bei der ersten Begegnung im Februar 1770 schenkte Firmian ihm eine neunbändige Werkausgabe des bedeutendsten italienischen Opera-seria-Librettisten Pietro Metastasio. Zu Texten des Librettisten komponierte Mozart die Arien, die Firmian am 12. März einem Publikum von 150 vornehmlich adligen Personen präsentieren wollte. Mozarts musikdramatische Komposition überzeugte die Zuhörerschaft und er erhielt schon am Tag darauf den ersehnten Auftrag, für das Mailänder Regio Ducal Teatro eine Oper zu schreiben. Die Reputation als Komponist war begründet.

Mit dem Mailänder Auftragswerk ›Mitridate rè di Ponto‹ legte Mozart seine erste abendfüllende Opera seria vor. Der Stoff geht auf die fünfaktige Tragödie ›Mithridate‹ von Jean Racine zurück. Mozart hatte für die Komposition nur etwa fünf Monate Zeit. Am 27. Juli erhielt er das Textbuch, Anfang November legte er die ersten Arien vor, die Uraufführung unter Leitung des Komponisten fand am 26. Dezember 1770 statt. Da nach jedem Akt Ballette von Jean Georges Noverre und Francesco Caselli gegeben wurden, dauerte die Aufführung etwa sechs Stunden. Mozarts erste Oper für Italien war überaus erfolgreich. Es folgten gut zwanzig weitere Aufführungen von ›Mitridate‹ in Mailand und schon bald neue Opernaufträge. Am 4. März 1771 erhielt Mozart aus Mailand den Auftrag, für den Karneval 1772/73 die Oper ›Lucio Silla‹ zu schreiben, und schon Ende März beauftragte ihn Maria Theresia mit der Festa teatrale ›Ascanio in Alba‹, die anlässlich der Vermählung ihres Sohnes Erzherzog Ferdinand mit Maria Beatrice Ricciarda d'Este ebenfalls in Mailand gegeben werden sollte. ›Ascanio in Alba‹ wurde am 17. Oktober 1771 uraufgeführt und war so erfolgreich, dass sie eine Oper des bedeutendsten Opera-seria-Komponisten Johann Adolf Hasse in den Schatten stellte, wie Leopold seiner Frau mitteilte: »andere

Leute reden uns beständig auf den Strassen an, dem Wolfg: zu gratulieren. Kurz! mir ist Leid, die Serenata des Wolfg: hat die opera von Haße so niedergeschlagen, daß ich es nicht beschreiben kann.«

Trotz dieses Erfolgs folgten danach keine Opernaufträge aus Italien mehr. Auch der Versuch, in Florenz eine Anstellung zu bekommen, blieb vergeblich. Im März 1773 kehrten Vater und Sohn zurück nach Salzburg, wo Wolfgang seit August 1772 immerhin eine mit 150 Floren besoldete Stelle als Konzertmeister der Hofkapelle hatte. Nach nur vier Monaten brachen sie erneut auf. Diesmal sollte Mozart in Wien sein Glück versuchen.

Der Versuch Mozarts, in Wien eine feste und gut bezahlte Anstellung zu finden, schlug fehl. Nach einem kurzen Aufenthalt in der Stadt stand fest, dass sich weder in Wien noch in Salzburg zufrieden stellende berufliche Möglichkeiten boten. Leopold machte sich daran, eine neue große Reise zu planen, eine Bewerbungsreise für seinen Sohn, die zunächst an die nah gelegenen deutschen Fürstenhöfe führen sollte. Ihr gemeinsamer Dienstherr, Fürsterzbischof Colloredo, erteilte ihnen jedoch keine Reiseerlaubnis und so bat Wolfgang im August 1777 darum, aus dem Dienst entlassen zu werden. Dieses Gesuch setzte der Vater auf, Wolfgang setzte seine Unterschrift darunter. Der Brief führt sehr nachdrücklich das Evangelium als Begründung für ihr Reisevorhaben an und klingt schulmeisterlich belehrend. Der Tonfall missfiel dem Fürsterzbischof offensichtlich, er reagierte unwirsch: »Vatter und sohn haben hiemit nach dem Evangelium die Erlaubnis ihr Glück weiter zu suchen.« Impliziert war, dass nicht nur Wolfgang, sondern auch Leopold von seinem Dienst suspendiert werden sollte. Plötzlich hatte die Familie keinerlei Einnahmen mehr. Colloredo nahm die Demission Leopolds später wieder zurück. Doch den Einundzwanzigjährigen alleine reisen zu lassen kam nicht in Frage, und so trat Wolfgang am 23. September 1777 die wichtige Bewerbungsreise in Begleitung seiner Mutter an. Die erste Station der Reise war – wie schon so oft – München. Es gelang Wolfgang zwar relativ schnell, bei Kurfürst Maximilian III. Joseph eine Audienz zu erhalten, doch stellte ihm der Regent keine Stelle in Aussicht. Das unerfreulich verlaufene Gespräch gab Mozart brieflich seinem Vater wieder (30. September 1777): »Mein einziger wunsch ist aber Euer Churf: Durchl: zu dienen, der selbst ein grosser = = ja mein liebes kind, es ist keine vacatur da. mir ist leid. wen nur eine vacatur da wäre. Ich versichere Eur Durchl: ich würde München gewis Ehre Machen. ja das nuzt alles nicht. es ist keine vacatur da. dieß sagte er gehend. nun empfahle ich mich zu höchsten gnaden.« Auch andere Kontakte in München blieben ergebnislos, und so brachen Mutter und Sohn auf. Mannheim sollte das nächste Ziel sein, doch fuhr man zuvor nach Augsburg, um die väterliche Verwandtschaft zu besuchen. Hier lernte Mozart seine Cousine, die neunzehnjährige Maria Anna Thekla, kennen – im Familienjargon der Mozarts wie von der Nachwelt kurz ›das Bäsle‹ genannt. Sie war die Tochter von Leopolds jüngerem Bruder Franz Alois.

Die beiden jungen Leute verbrachten ausgelassene Stunden miteinander. Ihre Freundschaft wäre längst in Vergessenheit geraten, gäbe es nicht jene neun erhalten gebliebenen Briefe Wolfgangs an sein Bäsle. Ein heute befremdlicher Hang zur Fäkalkomik und zu absurden Wortspielen scheint der gesamten Familie Mozart – und in besonders ausgepägter Form Wolfgang – eigen gewesen zu sein. In den Bäsle-Briefen wird diese Neigung auf das Deutlichste ausgelebt. Die zahlreichen anzüglich-frivolen Anspielungen, die ebenfalls in den Briefen zu finden sind, haben immer wieder Anlass zu Spekulationen über die Beziehung des Cousins zu seiner Cousine gegeben. Dem Vater schreibt Wolfgang (16./17. Oktober 1777): »den 17:ten in der frühe schreibe und betheüere ich daß unser bäsle, schön, vernünftig, lieb, geschickt und lustig ist; und daß macht weil sie braf unter die leüte gekommen ist. sie war auch einige Zeit zu München. daß ist wahr, wir zwey taugen recht zusammen; dann sie ist auch ein bischen schlimm. wir fopen die leüte mit einander, daß es lustig ist.« Wolfgang traf das Bäsle auf der Rückfahrt von seiner Bewerbungsreise im Dezember 1778 in München wieder. Im Januar 1779 kam sie zu Besuch nach Salzburg. Der letzte erhaltene Brief Wolfgangs an seine Cousine ist vom 23. Oktober 1781 datiert. In Mannheim scheint Mozart es zum ersten Mal richtig zu genießen, dass er der

Brief Mozarts an Maria Anna Thekla
vom 10. Mai 1770, dritte Seite

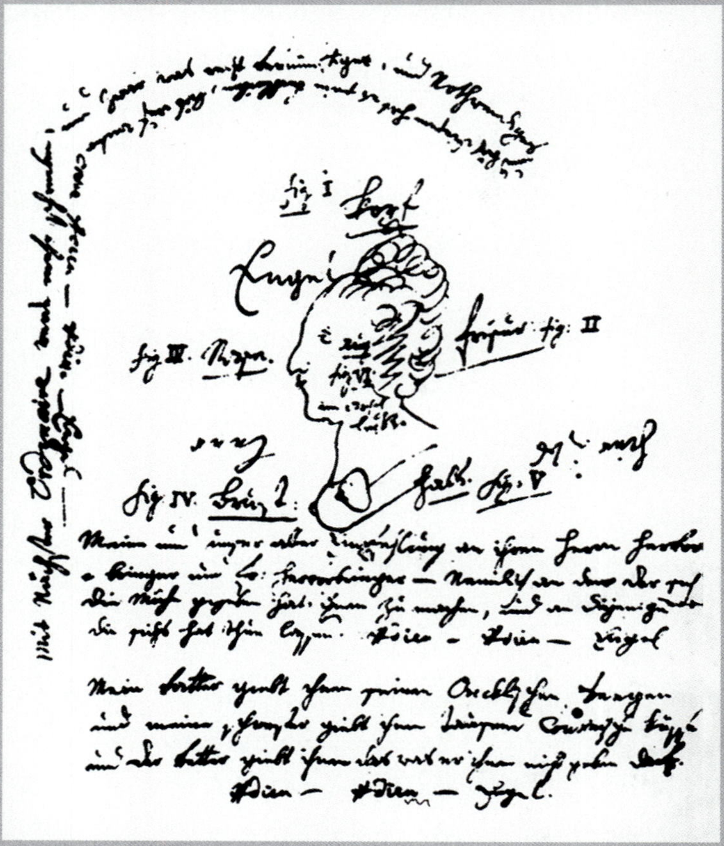

Maria Anna Thekla Mozart,
1777/1778,
anonyme Bleistiftzeichnung

»Meine und unser aller Empfehlung an ihren herr hervor
=bringer und fr: hervorbringer – Nemlich an den der sich
die Mühe gegeben hat, ihnen zu machen, und an diejenige
die sichs hat thun lassen. Adieu – Adieu – Engel.
Mein Vatter giebt ihnen seinen Oncklischen Seegen.
und meine schwester giebt ihnen tausend Cousinische küsse.
und der Vetter giebt ihnen das was er ihnen nicht geben darf.
Adieu – Adieu – Engel.«

väterlichen Kontrolle entzogen ist. Er freundet sich mit dem Konzertmeister Christian Cannabich an und lernt durch ihn zahlreiche Musiker und Sänger der Mannheimer Hofkapelle kennen. Er kann sich in Akademien präsentieren, erhält Kompositionsaufträge, auch Schüler werden ihm in Aussicht gestellt. Mit seiner Mutter besucht er häufig Theateraufführungen. Einen Eindruck von der Stimmung bei geselligen Abenden gibt eine ironische Selbstanklage Mozarts in einem Brief an den Vater vom 14. November 1777: »Ich johannes Chrisostomus Amadeus Wolfgangus sigismundus Mozart giebe mich schuldig, daß ich vorgestern, und gestern |: auch schon öfters :| erst bey der nacht um 12 uhr nach haus gekommen bin; und daß ich von 10 uhr an bis zur benennten stund beym Canabich, in gegenwart und en Compagnie des Canabich, seiner gemahlin und dochter, H: schazmeister, Raam, und Lang oft und – – nicht schweer, sondern ganz leichtweg gereimmet habe; und zwar lauter Sauereyen ... ich bekenne alle diese meine sünden und vergehungen von grund meines herzen, und in hofnung sie öfter bekennen zu därfen, nimm ich mir kräftig vor, mein angefangenes sündiges leben noch immer zu verbessern; darum bitte ich um die heilige dispensation, wenn es leicht seyn kann; wo nicht, so gilt es mir gleich, denn das spiell hat doch seinen fortgang.«

Trotz seines Erfolg versprechenden Einstands in Mannheim erhielt Mozart am 8. Dezember 1777 die Nachricht, dass seine Bewerbung um eine Anstellung am Hofe des Kurfürsten Karl Theodor von der Pfalz abgelehnt worden war. Gekränkt schrieb er dem Vater (10. Dezember): »Hier ist es dermalen nichts mit den Churfürsten. ich war vorgestern in der accademie bey hof, um eine antwort zu bekommen. der graf savioli wich mir ordentlich aus; ich gieng aber auf ihn zu: als er mich sahe, schupfte er die achseln. was, sagte ich, noch keine antwort? – – bitte um vergebung, sagte er, aber leider nichts. – – eh bien, sagte ich, das hätte mir der Churf: eher sagen können. ... ich versicherte ihn, daß es ihn gewiß niemalen gereüet hätte, wenn er mich genommen hätte.« Mozarts Enttäuschung war groß. Doch ein unerwartetes Ereignis hätte ohnehin die weiteren Mannheimer Pläne vereitelt. Am 30. Dezember starb in München der

Der Paradeplatz in Mannheim, kolorierter Stich,

vermutlich von Johann Anton Riedel, 1779

Die Tuilerien in Paris,

Stich von Martin Engelbrecht

Kurfürst Maximilian III. Joseph. Nachfolger sollte Karl Theodor von der Pfalz werden, und es war abzusehen, dass der Mannheimer Hof mitsamt Hofkapelle und Opernensemble nach München übersiedeln und Mannheim dadurch seine herausragende Rolle als Kulturzentrum verlieren würde. Auf der Suche nach Alternativen für Mozart waren zunächst Mainz, Frankfurt am Main und Bonn im Gespräch, dann aber begann man, über Paris zu diskutieren. Überlegungen wurden angestellt, ob die Mutter aus Kostengründen in Mannheim bleiben oder gar nach Salzburg zurückkehren solle. Als Wolfgang aber seinem Vater mitteilte, dass er eine gewisse Familie Weber kennen gelernt habe und plane, mit Vater Fridolin Weber und den beiden sängerisch sehr begabten Töchtern Aloysia und Josepha eine Konzerttournee nach Italien, möglicherweise auch in die Schweiz und nach Holland zu unternehmen, reagierte der Vater streng – vor allem, da ihm Wolfgangs Schwärmereien für die sechzehnjährige Aloysia nicht entgangen waren. Am 12. Februar 1787 befahl Leopold seinem Sohn: »Fort mit Dir nach Paris! und das bald, setze dich grossen Leuten an die Seite – aut Caesar aut nihil, der einzige Gedancke Paris zu sehen, hätte dich vor allen fliegenden Einfällen bewahren sollen. Von Paris aus geht der Rhum und Name eines Mannes von grossem Talente durch die ganze Welt.« Widerstrebend stimmte Anna Maria zu, ihren Sohn auch weiterhin zu begleiten.

Fort mit Dir nach Paris! und das bald, setze dich grossen Leuten an die Seite.

Von Paris aus geht der Rhum und Name eines Mannes von grossem Talente durch die ganze Welt.

Am 23. März 1778 traf Mozart in Paris ein. Doch auch dort war ihm nicht das erhoffte Glück beschieden. Die Pariser erinnerten sich kaum noch an das konzertierende Wunderkind und traten dem jungen Erwachsenen mit Missgunst und Neid entgegen. Am 1. Mai 1778 schrieb er seinem Vater: »ich hab halt hier auch wieder meine feinde. wo habe ich sie aber nicht gehabt? – das ist aber ein gutes zeichen.« Das bedeutendste in Paris entstandene Werk Mozarts ist die so genannte Pariser Sinfonie in D-Dur (KV 297=300a). Nach der Uraufführung

berichtet Mozart seinem Vater (3. Juli 1778): »bey der Prob war es mir sehr bange, denn ich habe mein lebe=Tag nichts schlechters gehört; sie können sich nicht vorstellen, wie sie die Sinfonie 2 mahl nacheinander herunter gehudeld, und herunter gekrazet haben. – mir war wahrlich ganz bang – ... den andern tage hatte ich mich entschlossen gar nicht ins Concert zu gehen; es wurde aber abends gut wetter, und ich entschlosse mich endlich mit den vorsaz, daß wenn es so schlecht gieng, wie bey der Prob, ich gewis aufs orchestre gehen werde, und den H: Lahousè Ersten violin die violin aus der hand nehmen, und selbst dirigirn werde. ich batt gott um die gnade daß es gut gehen möchte, indemm alles zu seiner grösten Ehre und glory ist, und Ecce, die Sinfonie fieng an, Raff stunde neben meiner, und gleich mitten in Ersten Allegro, war eine Pasage die ich wohl wuste daß sie gefallen müste, alle zuhörer wurden davon hingerissen – und war ein grosses applaudißement.« Mozart hatte eine exakte Vorstellung davon, mit welchen Effekten er dem Geschmack des Pariser Publikums entsprechen konnte. Im letzten Satz der Sinfonie tat er es, indem er bewusst die Hörerwartungen täuschte. Im selben Brief an den Vater heißt es weiter: »weil ich hörte daß hier alle lezte Allegro wie die Ersten mit allen instrumenten zugleich und meistens unisono anfangen, so fieng ichs mit die 2 violin allein piano nur 8 tact an – darauf kamm gleich ein forte – mit hin machten die zuhörer, | wie ichs erwartete | beym Piano sch – dann kamm gleich das forte – sie das forte hören, und die hände zu klatschen war eins – ich gieng also gleich für freüde nach der Sinfonie ins Palais Royale – nahm ein guts gefrornes – bat den Rosenkranz den ich versprochen hatte – und gieng nach haus.«

Über die genauen Entstehungsumstände und den Kompositionsanlass der Klaviersonate in a-Moll, KV 310=300d, ist nichts bekannt. Mozart erwähnt sie in seinen Briefen aus Paris nach Salzburg nicht. Einzig aus Mozarts Datierung ›Paris 1778‹ auf der ersten Seite des Autographs können wir Ort und Jahr der Entstehung ersehen. Die schöne und klare Notenhandschrift gibt einige Eigentümlichkeiten von Mozarts Notationsweise zu erkennen. So notiert er Zweiklänge oder ganze Akkorde oft in Stimmen, das heißt, er behalst sie doppelt

Sinfonie D-Dur, KV 297=300a,

Pariser Sinfonie, Autograph,

Faksimile des Beginns

nach oben und nach unten, beispielsweise in Takt 1 in der linken Hand oder in Takt 5 in der rechten Hand. Die dynamischen Angaben für ›forte‹ und ›piano‹ kürzt er mit ›for:‹ und ›pia:‹ ab. Wird eine Figur in einem Takt häufig repetiert, schreibt Mozart diese Wiederholungen nicht aus, sondern gibt sie durch das Zeichen ›//‹ an. Auch ist gut zu sehen, wie es Mozart zu meiden sucht, für die linke Hand Hilfslinien zu notieren. So schreibt er die hohen Töne im drittletzten Takt der Seite einfach im System der rechten Hand. Eine andere Möglichkeit, Hilfslinien zu vermeiden, ist, die Schlüsselung zu ändern. So beginnt er die Notation der linken Hand gleich in Takt 1 nicht im üblichen Bassschlüssel, sondern im Tenorschlüssel. Erst in Takt 5 wechselt Mozart zum Bassschlüssel, um in Takt 9 gleich wieder den Tenorschlüssel vorzuschreiben. Von Mozart sind achtzehn Klaviersonaten überliefert. Nur zwei von ihnen stehen in einer Molltonart, die Sonate Nr. 14 in c-Moll (KV 475) und diese Sonate Nr. 9 in a-Moll. Sie ist die letzte und bedeutendste der frühen Klaviersonaten und entstand in unmittelbarer zeitlicher Nähe mit einem weiteren Mollwerk, der Violinsonate in e-Moll (KV 304=300c). Beide Kompositionen, Klaviersonate und Violinsonate, werden wegen ihres dramatisch-tragischen Charakters oft mit einem Schicksalsschlag im Leben Mozarts in Verbindung gebracht. Am 3. Juli 1778 starb Mozarts Mutter in Paris, wahrscheinlich an Typhus.

Der Zweiundzwanzigjährige bereitet seinen Vater und seine Schwester sensibel auf die traurige Nachricht vor, indem er ihnen zunächst nur von der schweren Krankheit der Mutter schreibt, in derselben Nacht aber auch einen Brief an den Salzburger Familienfreund Abbé Joseph Bullinger richtet, in dem er ihn bittet, den Vater persönlich aufzusuchen und vom Tod der Mutter in Kenntnis zu setzen. In dem Brief an Abbé Bullinger schreibt er: »Allerbester freünd! für sie ganz allein. Trauern sie mit mir, mein freünd! – dies war der Trauerigste Tag in meinen leben – dies schreibe ich um 2 uhr nachts – ich muß es ihnen doch sagen, meine Mutter, Meine liebe Mutter ist nicht mehr! – gott hat sie zu sich berufen – ... stellen sie sich nur alle meine

Trauern sie mit mir, mein freünd! – dies war der Trauerigste Tag in meinen leben.

unruhe, ängsten und sorgen vor die ich diese 14 täge ausgestanden habe – sie starb ohne das sie etwas von sich wuste – löschte aus wie ein licht. ... ich bitte sie unterdessen um nichts als um das freünd=stück, daß sie meinen armen vatter ganz sachte zu dieser trauerigen nachricht bereiten – ich habe ihm mit der nehmlichen Post geschrieben – aber nur daß sie schwer krank ist – warte dann nur auf eine antwort – damit ich mich darnach richten kann. gott gebe ihm stärcke und muth!«

Erst sechs Tage später, am 9. Juli wagt Mozart, dem Vater die Wahrheit zu sagen: »Ich hoffe sie werden bereitet seyn, eine der Traurigsten und schmerzhaftesten nachrichten mit standhaftigkeit anzuhören – sie werden durch mein leztes von 3:ten in die lage gesezt worden seyn, nichts gutes hören zu därfen – den nemlichen Tag den 3:ten ist meine Mutter abends um 10 uhr 21 Minuten in gott seelig entschlafen; – als ich ihnen aber schriebe, war sie schon im genüß der Himmlischen freüden – alles war schon vorbey – ich schriebe ihnen in der Nacht – ich hoffe sie und meine liebe schwester werden mir diesen kleinen und sehr nothwendigen betrug verzeihen – denn nachdemm ich nach meinen schmerzen und Trauerigkeit auf die ihrige schloss, so konnte ich es ohnmöglich übers herz bringen, sie sogleich mit dieser schröcklichen nachricht zu überraschen – Nun hoffe ich aber werden sie sich beyde gefast gemacht haben, das schlimmste zu hören, und, nach allen natürlichen und nur gar zu billigen schmerzen, und weinen, endlich sich in willen gottes zu geben, und seine unerforschliche, unergründliche, und allerweiseste vorsehung anzubeten – sie werden sich leicht vorstellen können, was ich ausgestanden – was ich für Muth und standhaftigkeit nothwendig hatte, um alles, so nach und nach immer ärger, immer schlimmer, mit gelassenheit zu übertragen – und doch, der gütige gott hat mir diese gnade verliehen – ich habe schmerzen genug empfunden, habe genug geweint – was nuzte es aber? – ich muste mich also trösten; machen sie es auch so, mein lieber vatter und liebe schwester!«

sie werden sich leicht vorstellen können, was ich ausgestanden – was ich für Muth und standhaftigkeit nothwendig hatte, um alles ... mit gelassenheit zu übertragen.

Klaviersonate a-Moll, KV 310=300d, Autograph,

Faksimile des Beginns

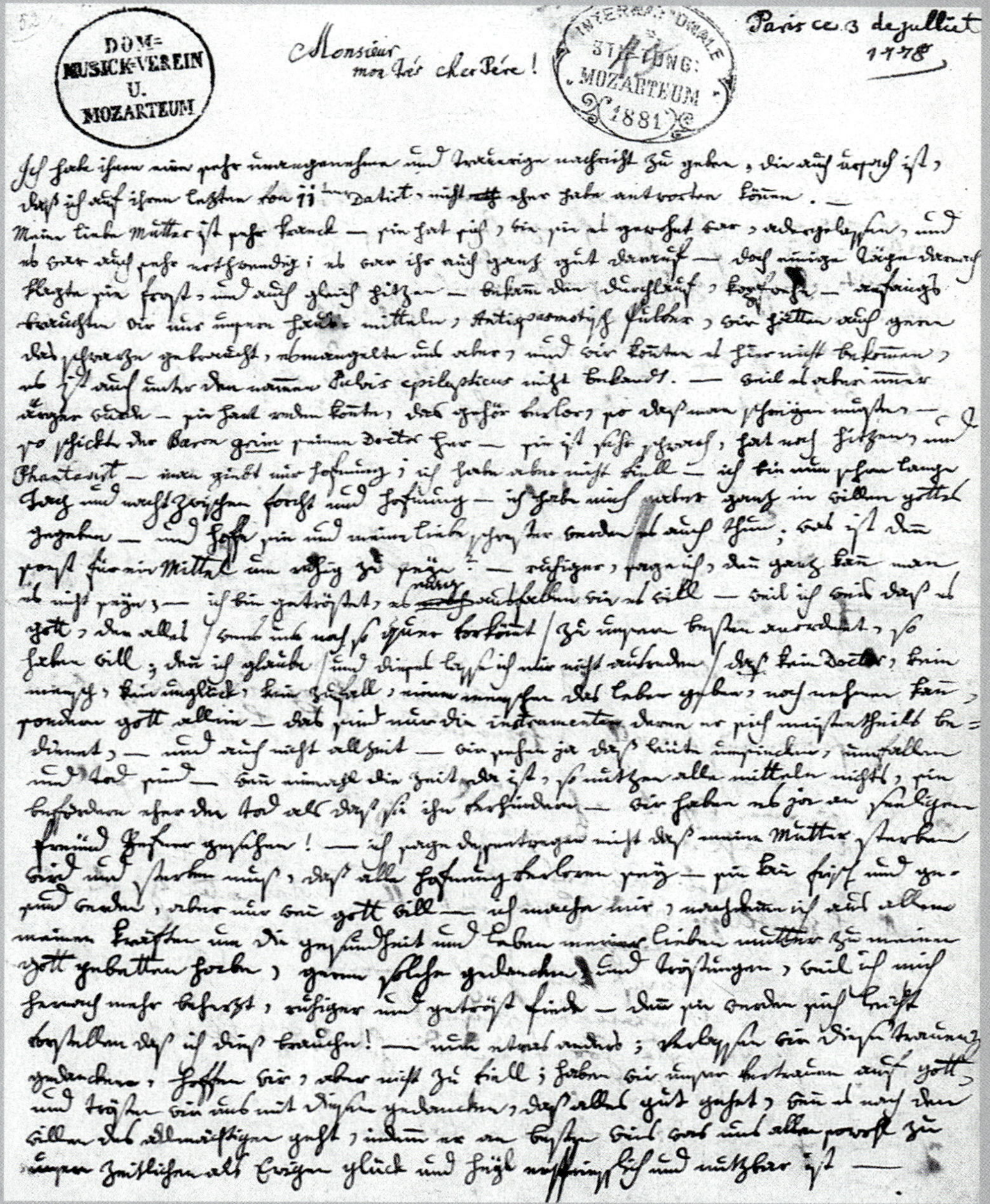

Faksimile, Brief an den Vater, Paris,

3. Juli 1778, Autograph, Seite 1

Mozart scheint sich für den Brief, den er in der Todesnacht seiner Mutter an seinen Vater schrieb, sehr viel Zeit genommen zu haben. Mozarts Handschrift ist im Allgemeinen eher rechtsläufig, was lebendig wirkt. In diesem Brief sind die Buchstaben dagegen mitunter steil, wie in Zeile vier: »es war auch sehr«. Die Zeilen sind lang und liegen eng beieinander, die Schrift ist klein und der Eindruck von Starrheit entsteht. Der Brief wirkt überlegt, reserviert, weshalb man Mozart oft Gefühlskälte attestiert hat. (Der zweiseitige Brief an Bullinger vom gleichen Tag dagegen ist sehr viel flüssiger und geradezu kalligraphisch schön geschrieben.) Das Blatt ist blockartig voll geschrieben, obwohl Mozart sicher nicht im Sinn hatte, Papier zu sparen. Vielmehr deutet die Enge der Schrift auf das bedächtige Vorgehen des Schreibers hin. Keine Überschwänglichkeit, wie man sie sonst von Mozarts Autographen kennt, vielmehr Kontrolliertheit, ja Gehemmtheit spricht aus diesem Brief. Im zähen Ringen um die Wörter kommt seine Hilflosigkeit bei der Aufgabe, den Vater auf den Tod der Mutter vorzubereiten, zum Ausdruck. Man hat nicht den Eindruck, dass Mozart vorher ein Konzept hatte. Direkt und unvermittelt beginnt er mit der Krankheit der Mutter, dann aber nähert er sich auf umständliche Weise dem eigentlichen Thema. Nur zögerlich findet er Formulierungen für das, was er andeuten möchte. Genau am Ende der ersten Seite wechselt er das Thema: »nun etwas anders; verlassen wir die Trauergedanken«. Ab Seite zwei folgt ein gleichsam alltäglicher Inhalt.

Die erste Seite des Briefes ist mühsam zu lesen, nicht nur wegen des Schriftbilds. Auch der Gebrauch der Tempora geht durcheinander, die Sätze sind verschachtelt, oft redundant, von auffällig vielen Kommata unterbrochen, das Ende jedoch oft nicht durch einen Punkt markiert. Mozart will mit diesem Brief keine Klarheit schaffen. Dass die Schrift angesichts des so emotional besetzten Themas klar bleibt, deutet auf große Selbstdisziplin hin. Fast hat man den Eindruck, Mozart halte sich bewusst bei den Buchstaben auf, um dem Inhalt nicht freien Lauf zu lassen, etwa bei der ansatzweise verzierten Initiale von ›Monsieur‹. Die förmliche und hochachtungsvolle Anrede, vor allem aber die umständliche Aufzählung, nichts unversucht gelassen zu haben, die Mutter zu retten, deutet auf Schuldgefühle, die ja bei Trauernden, die einen geliebten Menschen verloren haben, häufig zu beobachten sind. Mozart versucht, sein Gewissen zu beruhigen, indem er sich das unangenehme Schreiben nicht erspart, sich ihm vielmehr in großer Ausführlichkeit widmet. An dieser Haltung mag der Vater erkannt haben, was sich tatsächlich hinter dem Brief verbarg.

Eine ganz andere Absicht verfolgte Mozart mit einem wenige Wochen später verfassten Brief. Adressatin ist Aloysia Weber, Mozarts erste große Liebe. Er hatte ihre Familie in Mannheim wahrscheinlich schon im November 1777 kennen gelernt. Erstmals erwähnte er die Webers am 17. Januar 1778 brieflich seinem Vater gegenüber. Ein Brief Mozarts an Aloysia ist erhalten. Der zweiseitige Brief vom 30. Juli handelt zunächst von einigen Arien Mozarts, die Aloysia singen sollte, dann aber wechselt Mozart das Thema und drückt seine Verehrung für die talentierte Sängerin aus.

Der Brief ist auf Italienisch und durchweg in lateinischer, nicht wie sonst üblich in deutscher Schrift geschrieben. Das Schriftbild ist sehr ruhig und regelmäßig, die Buchstabenhöhe gleich bleibend, viele Initiale sind verschnörkelt. Man hat den Eindruck, die Buchstaben seien eher gemalt als geschrieben. Die Handschrift drängt nicht vorwärts, vielmehr kehrt Mozart häufig die Strichrichtung am Ende eines Wortes noch einmal um und bremst somit den Schreibfluss, etwa in Zeile dreizehn bei ›azione‹. Dass er das Italienische wählt, kann man als Versuch interpretieren, Weltläufigkeit zu demonstrieren, vielleicht ist es auch die Sprache, in der zwischen beiden eine Art Intimität besteht, weil sie gemeinsam italienische Arien studiert haben. Während Mozart in anderen Briefen keine Hemmungen hat, Körperliches anzusprechen, werden hier nur dezente Andeutungen gemacht. In der Schlussformel etwa heißt es: »küsse ich Ihnen die Hände, umarme ich Sie von Herzen«. Mozart wirbt zurückhaltend um diese Frau, er bleibt schüchtern, vielleicht ahnte er schon, dass sein Werben vergeblich bleiben würde. Höchst originell ist in diesem Brief jedoch die zunächst formell wirkende Unterschrift. Sie besteht aus drei Elementen. Zu Beginn die Initialen *WAM*: Eine mit Nachdruck und breiter Feder gemalte Buchstabenfolge

Faksimile, Brief an Aloysia Weber,

Paris, 30. Juli 1778, zweite Seite

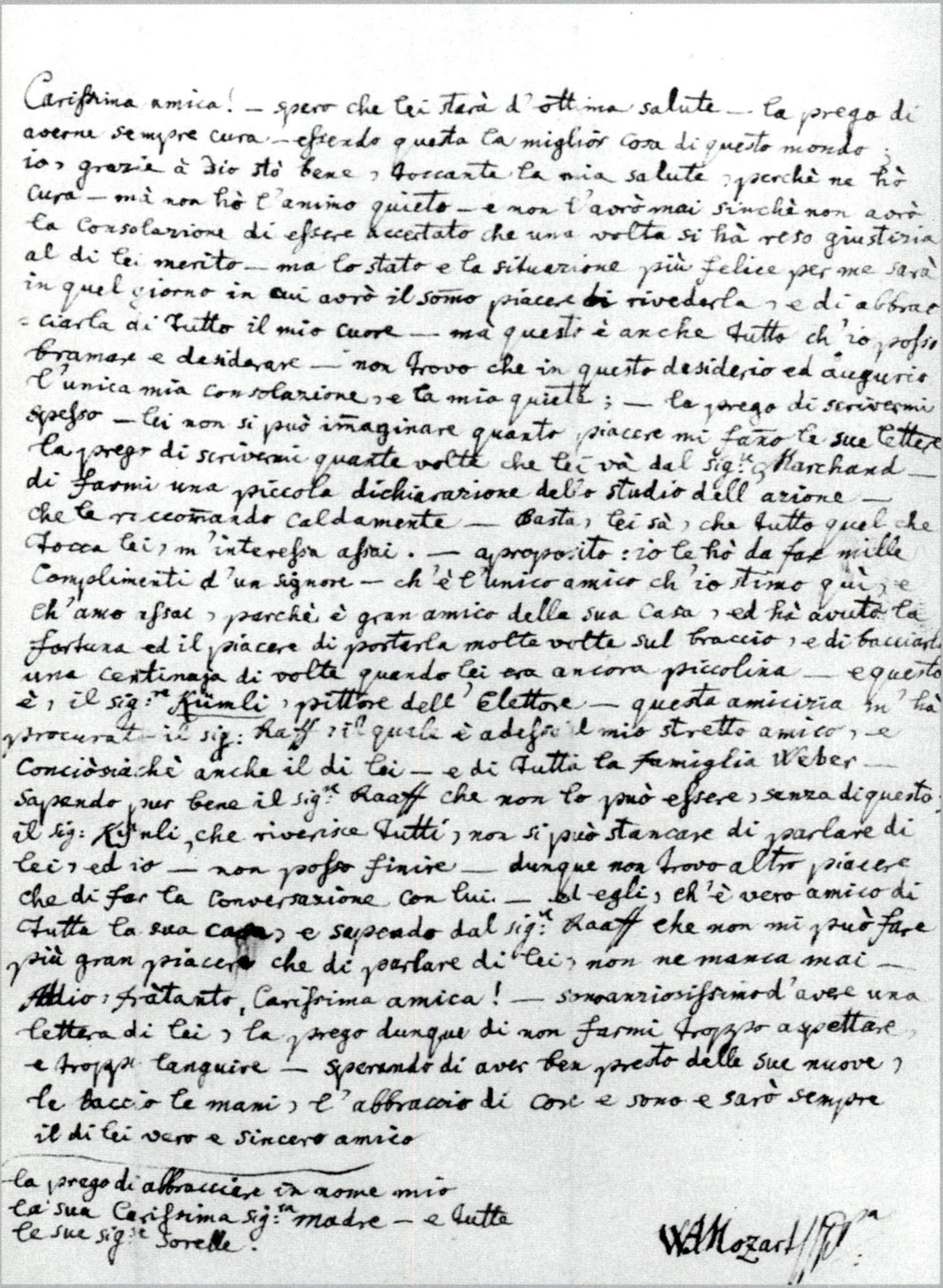
Carissima amica! — spero che lei starà d'ottima salute — la prego di
averne sempre cura — essendo questa la miglior cosa di questo mondo;
io, grazie à Dio stò bene, toccante la mia salute, perchè ne hò
cura — mà non hò l'animo quieto — e non l'avrò mai sinchè non avrò
la consolazione di essere accertato che una volta si hà reso giustizia
al di lei merito — ma lo stato e la situazione più felice per me sarà
in quel giorno in cui avrò il somo piacere di rivederla, e di abbrac-
ciarla di tutto il mio cuore — mà questo è anche tutto ch'io possi
bramare e desiderare — non trovo che in questo desiderio ed augurio
l'unica mia consolazione, e la mia quiete; — la prego di scrivermi
spesso — lei non si può imaginare quanto piacere mi fanno le sue lettere
la prego di scrivermi quante volte che lei và dal sig:r Marchand —
di farmi una piccola dichiarazione dello studio dell'azione —
che le riccomando caldamente — Basta, lei sà, che tutto quel che
tocca lei, m'interessa assai. — aproposito: io le hò da far mille
complimenti d'un signore — ch'è l'unico amico ch'io stimo qui, e
ch'amo assai, perchè è gran amico della sua casa, ed hà avuto la
fortuna ed il piacere di portarla molte volte sul braccio, e di bacciarla
una centinaja di volte quando lei era ancora piccolina — e questo
è, il sig:re Kymli, pittore dell'Elettore — questa amicizia m'hà
procurato il sig: Raaff, il quale è adesso il mio stretto amico, e
conciòsiachè anche il di lei — e di tutta la famiglia Weber —
sapendo pur bene il sig:r Raaff che non lo può essere, senza di questo;
il sig: Kymli, che riverisce tutti, non si può stancare di parlare di
lei, ed io — non posso finire — dunque non trovo altro piacere
che di far la conversazione con lui. — ed egli, ch'è vero amico di
tutta la sua casa, e sapendo dal sig:r Raaff che non mi può fare
più gran piacere che di parlare di lei, non ne manca mai —
Addio: frattanto, Carissima amica! — sono ansiosissimo d'avere una
lettera di lei, la prego dunque di non farmi troppo aspettare,
e troppo languire — sperando di aver ben presto delle sue nuove,
le baccio le mani, l'abbraccio di cuore e sono e sarò sempre
il di lei vero e sincero amico

la prego di abbracciare in nome mio
la sua Carissima sig:ra madre — e tutte
le sue sig:re sorelle.

W:A Mozart mpa

spielt mit diagonalen und vertikalen Linien. Das *A* schließt mit einer gemeinsamen Linie direkt an das *W* an, während das *M* stark nach rechts geneigt eigenständig aus der Dreierkombination hinausgreift. Dann folgt der Name *Mozart*. War die Gestaltung der Großbuchstaben nur durch mehrfaches Absetzen der Feder möglich, so fließt der Name nun in lateinischen Buchstaben wie Schreibschrift dahin. Das *M* fungiert als Bindeglied zwischen dem ersten und dem zweiten Element. Das *z* dagegen fällt durch seine Unterlänge heraus. Es verleiht dem Namen ein Zentrum. Seine Form ist die einer Majuskel, die – in die Wortmitte eingebettet und eine Ebene tiefer gesetzt – eine Korrespondenz zu dem einleitenden *M* schafft. Zuletzt steht das Siegel für das traditionelle ›manu propria‹, ›mit eigener Hand‹. Mozart schließt seine Unterschrift mit einem frei erfundenen Schnörkel ab. Im Gegensatz zum Beginn ist die Feder hier sehr locker geführt. Der Federdruck und damit die Sättigung nimmt im Verlauf der Unterschrift – ebenso wie der Grad der formalen Gestaltung – immer mehr ab. Stark nach rechts geneigte Striche fangen den Duktus des *t* auf und sind im Gegensatz zu dem initialen *W* organisch miteinander verbunden. Sie greifen tief nach unten aus und können dadurch einen Gegenpol zu den starken Anfangsbuchstaben bilden. Nachdem das Gleichgewicht gesichert ist, können sich freie Formen anschließen und nach oben ausschwingen. Die ganze Förmlichkeit und Formelhaftigkeit des Briefes wird zum Schluss aufgelöst. In der Unterschrift wird der Schreiber von der öffentlich renommierten Person zur privaten Person. Formalen Ansprüchen wird immer weniger Genüge getan, und so scheint dieser letzte Teil der Unterschrift wohl der wahrhaftigste des ganzen Briefes zu sein – frei vom Rollenspiel, frei vom gesellschaftlichen oder persönlichen Druck entfaltet sich ungezwungen eine filigrane Ornamentik. Mit einem ähnlichen Ornament beschloss Mozart auch seine Kompositionen. Nach seinem Tod wies seine Frau Constanze den Verleger André auf die Bedeutung des Zeichens hin und versuchte dabei vergeblich es nachzuahmen (16. November 1800): »Am Ende jeder Composition, wenigstens jeder Hauptcomposition machte Mozart ein characteristisches Zeichen, was ich, so nett und leicht ge-

macht, nie gesehen habe, etwa so ... Nein, ich kann es nicht machen, aber Sie werden es schon kennen und erkennen.«

Von ganz privater Seite zeigt Mozart sich in den handschriftlichen Eintragungen in Nannerls Tagebuch. Die Blätter aus den Jahren 1775 bis 1783 sind erhalten. Dass nicht nur der Bruder, sondern auch der Vater Eintragungen vornahm, belegt die enge Vertrautheit unter den Familienmitgliedern. Auf der Seite vom 19. bis 23. August 1780 ist ausschließlich Wolfgang der Schreiber. Er ist vierundzwanzig Jahre alt, Nannerl neunundzwanzig. Wolfgang schreibt für sich und seine Schwester zur Unterhaltung. Sie muss seine Komik – mit zum Teil sehr privaten Wortspielen wie in Zeile 18 »hierkleid« = ›Tarock‹ – verstanden und sich amüsiert haben. Er schlüpft in ihre Rolle, schreibt in ihrem Namen und bezeichnet sich selbst also mit »mein bruder«, seine Schwester dagegen in der Regel mit »ich«. Dass er manchmal mit »ich« aber auch sich selbst meinen kann, ist Zeichen der Identifikation der Geschwister miteinander. Die Einträge beginnen immer ordnungsgemäß – nach Nannerls Art – mit einer Zeitangabe. Sie erhalten so eine Seriosität, die Wolfgang im Folgenden immer komplett demontiert. Am 23. August sind die Uhrzeiten beispielsweise verdreht, am 19. August werden sie gar verschlüsselt wiedergegeben: Das Wort ›sieben‹ ergibt sich aus den Anfangsbuchstaben der Hauptwörter – »**s**cheissen«, »**i**ch (= meine wenigkeit)«, »**E**sel«, »**b**ruch«, »**E**sel«, »**N**ase«. Zahlreiche Wortspiele dieser Art sind heute nicht mehr nachvollziehbar. Neben Zeitangaben sind Angaben über das Wetter, wie der noch heute sprichwörtliche ›Salzburger Schnürlregen‹, ferner über den Besuch der Messe, das Kartenspiel, Spazierengehen und gelegentliche Besucher obligatorisch. Die geringe inhaltliche Variationsbreite der Eintragungen ist ein Index für die Ereignislosigkeit der Tage. Die großen Hoffnungen, mit denen Mozart seine Bewerbungsreise angetreten hatte, waren enttäuscht worden, er hatte keine Anstellung gefunden, die Mutter in Paris verloren und sein Werben bei Aloysia war erfolglos geblieben. Unwillig war er nach Salzburg zurückgekehrt. Wolfgang empfindet Leere und protestiert dagegen, indem er Witze macht. Als außenstehender Beobachter gibt er mit seinen respektlosen Bemerkungen das öde gesellschaftliche Leben in Salzburg der Lächerlichkeit preis. Das Schriftbild macht einen äußerst dynamischen Eindruck. Besonders auffällig sind die schwungvollen *s*, beispielsweise in Zeile eins »scheissen« und »Esel« oder in Zeile 15 »Mess«. Ferner gibt es starke Variationen im Zeilenabstand, in der Buchstabengröße, in der Dichte der Buchstaben und in der Neigung der Buchstaben. Aus dieser relativen Formlosigkeit spricht Vertrautheit. Der Schreiber hat offenbar Freude an seinem Tun, geht sorglos und spontan vor. Hier herrscht nicht der Intellekt, sondern die Phantasie. Allerdings ist Mozart nicht unkontrolliert. Der Text entgleitet ihm – trotz der starken Gegensätzlichkeiten im Schriftbild – nicht, die Zeilen werden in der Horizontale gehalten, die Abstände zwischen den Wörtern bleiben weitgehend konstant und die Satzzeichen sind schön gesetzt und haben ihren Raum.

In der Korrespondenz mit der Schwester zeigt sich Mozart von seiner ganz privaten Seite. Vergleicht man den heiter-verspielten Tonfall im Brief an das Bäsle, die verkrampft-gezwungene Trauernachricht an den Vater, das formelhafte Liebeswerben um Aloysia und die lässigen Privatnotizen für Nannerl, so lassen sich in etwa die Gemütsschwankungen ahnen, denen Mozart als junger Erwachsener ausgesetzt war.

Mozarts Eintragungen in das Tagebuch seiner Schwester vom 19. bis 23. August 1780

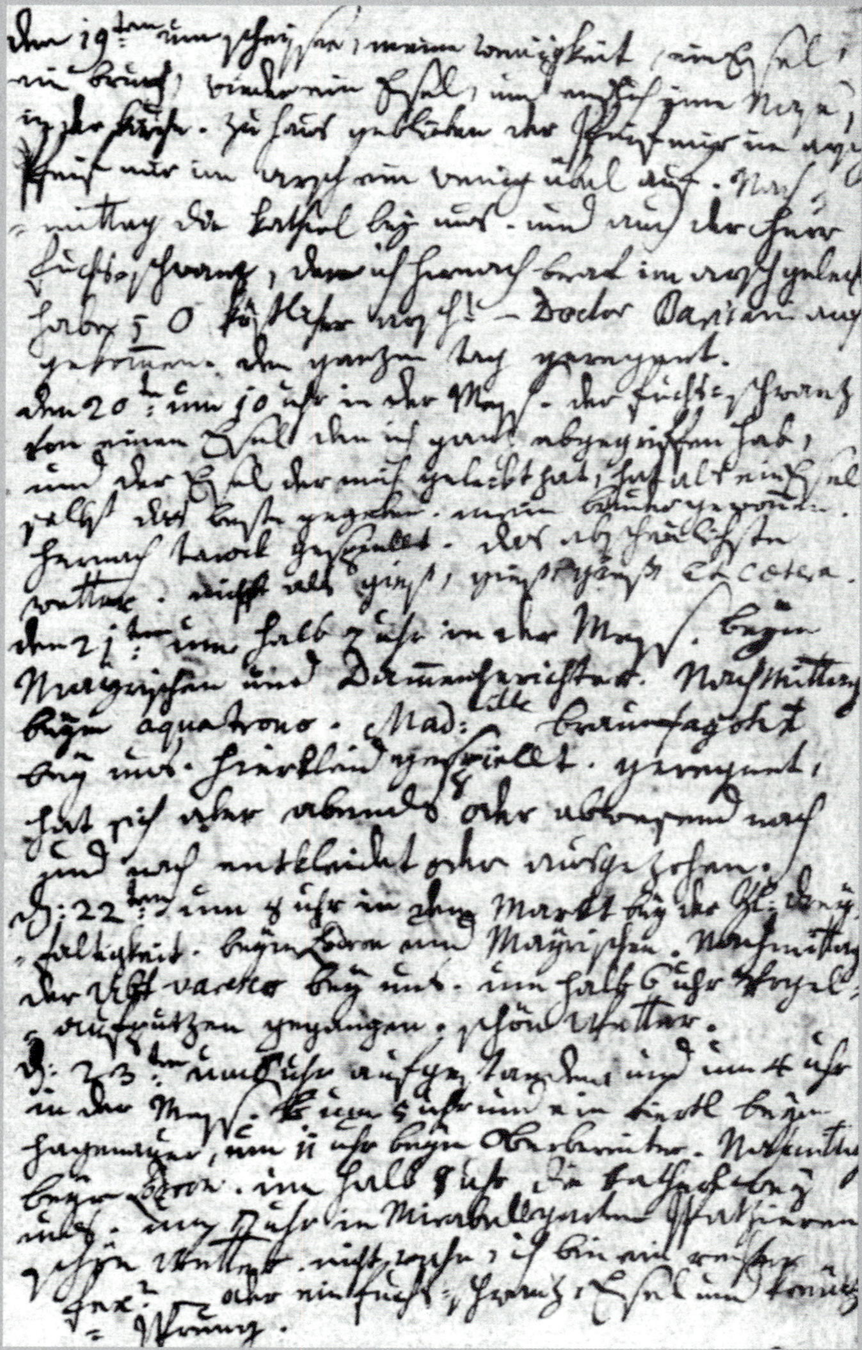

den 19:ten um scheissen, meine wenigkeit, ein Esel,
ein bruch, wieder ein Esel, und endlich eine Nase,
in der kirche. zu haus geblieben der Pfeif mir im arsch,
pfeif mir im arsch ein wenig übel auf. Nach=
mittag die katherl bey uns. und auch der Herr
fuchs=schwanz, den ich hernach brav im arsch geleckt
habe; O köstlicher arsch! – Doctor Barisani auch
gekommen. den ganzen tag geregnet.
den 20:ten um 10 uhr in der Mess. der fuchs=schwanz
von einem Esel den ich ganz abgegriffen hab,
und der Esel der mich geleckt hat, hat als ein Esel
selbst das beste gegeben. mein bruder gewonnen.
hernach tarock gespiellt. das abscheulichste
wetter. nicht als gieß, gieß, gieß Et caetera.
den 21:ten um halb 7 uhr in der Mess. beym
Mayrischen und Dammenherichter. Nachmittag
beym aquatrono. Mad:elle braunfagotist
bey uns. hierkleid gespiellt. geregnet,
hat sich aber abends oder abwesend nach
und nach entkleidet oder ausgezohen.
den 22:ten um 8 uhr in den Markt bey der Hl: Drey=
=faltigkeit. beym Lodron und Mayrischen. Nachmittag
der Abt varesco bey uns. um halb 6 uhr Vogel=
aufputzen gegangen; schön Wetter.
den 23:ten um 6 uhr aufgestanden und um 4 uhr
in der Mess. um 5 uhr und ein viertl beym
hagenauer, um 11 uhr beym Oberbereiter. Nachmittag
beym Lodron. um halb 8 uhr die katherl bey
uns. um 7 uhr in Mirabellgarten spatzieren.
schön Wetter. nicht wahr, ich bin ein rechter
fex? oder ein fuchs=schwanz, Esel und kreütz=
=sprung.

ERFOLGE UND KRISEN IN WIEN

Obwohl die Uraufführung seiner Oper ›Idomeneo‹ Ende Januar 1781 im Münchner Residenztheater schon längst über die Bühne gegangen war, weilte Mozart im März noch immer in München, als ihn die Nachricht seines Salzburger Dienstherrn Colloredo ereilte, er möge seinen Urlaub beenden und unverzüglich nach Wien kommen. Colloredo wollte mit seinen Musikern in der Hauptstadt glänzen und bestand auch auf der Anwesenheit seines Domorganisten. Mozart, der ohnehin seinen sechswöchigen Urlaub ohne Bewilligung Colloredos um knapp drei Monate überzogen hatte, reiste am 12. März endlich ab. Am 3. April fand der erste öffentliche Auftritt Mozarts in Wien anlässlich eines Akademiekonzerts zugunsten der Tonkünstler-Sozietät statt, in dessen Ankündigung steht: »den Anfang machet Eine Symphonie, von der Komposition des Herrn Ritters Wolfgang Amadi Mozart, in wirklichen Diensten Sr. Hochfürstlichen Gnaden des Erzbischofs von Salzburg. Dann wird sich Herr Ritter Mozart ganz allein auf dem Piano Forte hören lassen.« Ein Akademiekonzert zu eigenen Gunsten gestattete Colloredo seinem Domorganisten nicht, was Mozart gerade angesichts seines großen Erfolgs beim Wiener Publikum sehr verärgerte. Am 4. April schrieb er dem Vater: »gestern kann ich wohl sagen, daß ich mit dem Wienner Publikum recht zufrieden war. – ich spiellte in der accademie der Witwen im kärtner thor Theater. – ich muste wieder Neuerdings anfangen, weil des applaudiren, kein Ende war. – was glauben sie, wenn ich nun, da mich das Publikum einmal kennt, eine accademie für mich gebe, was ich nicht da machen würde? – allein unser erzlimmel erlaubt es nicht – will nicht daß seine leut profit haben sollen, sondern schaden,– doch dieß kann er bey mir nicht zu wegn bringen; denn wenn ich hier 2 scolaren habe, so stehe ich besser als in Salzburg – ich brauch sein logis und seine kost nicht ... ich ver-

Ankündigung einer musikalischen Akademie

Mozarts, 3. April 1781

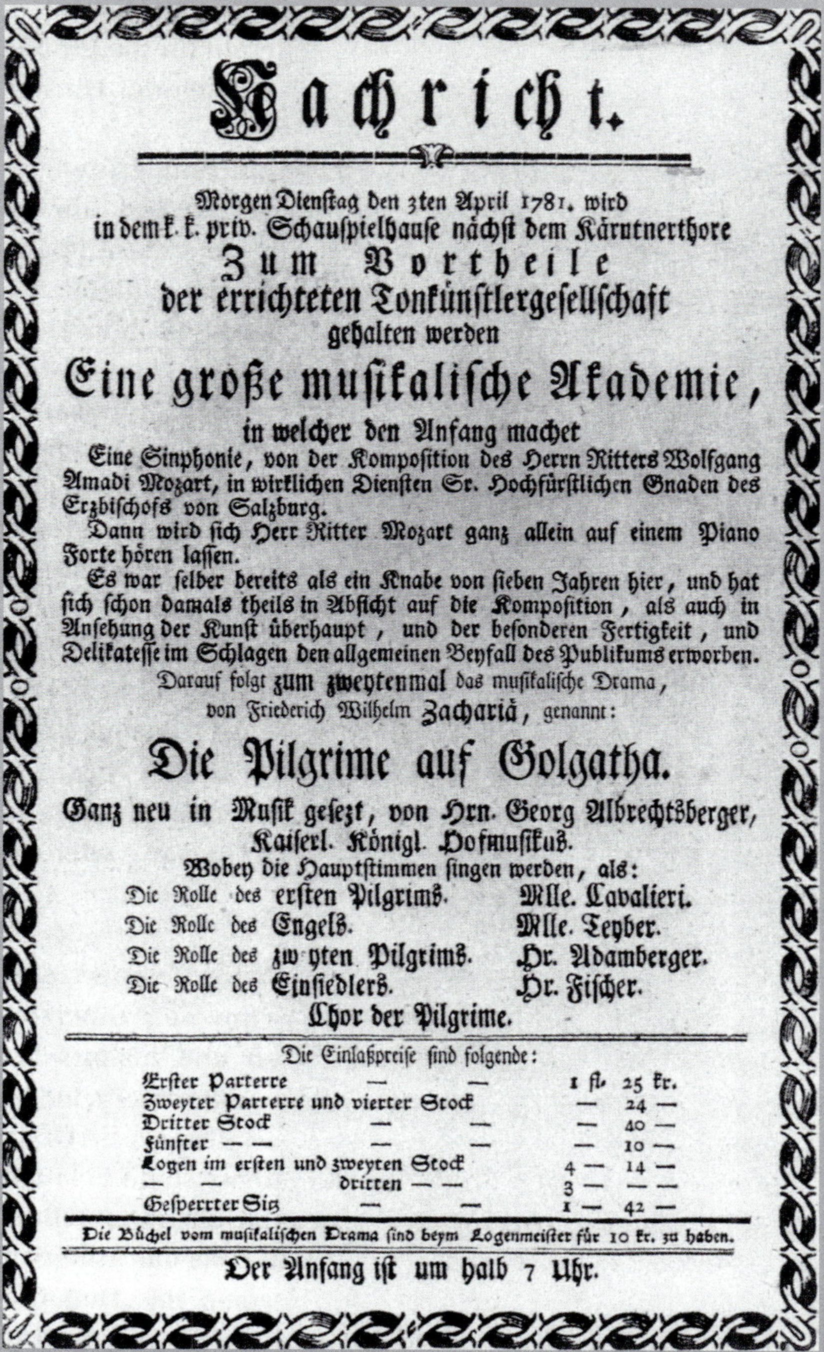

Nachricht.

Morgen Dienstag den 3ten April 1781. wird
in dem k. k. priv. Schauspielhause nächst dem Kärntnerthore
Zum Vortheile
der errichteten Tonkünstlergesellschaft
gehalten werden

Eine große musikalische Akademie,

in welcher den Anfang machet
Eine Sinphonie, von der Komposition des Herrn Ritters Wolfgang Amadi Mozart, in wirklichen Diensten Sr. Hochfürstlichen Gnaden des Erzbischofs von Salzburg.

Dann wird sich Herr Ritter Mozart ganz allein auf einem Piano Forte hören lassen.

Es war selber bereits als ein Knabe von sieben Jahren hier, und hat sich schon damals theils in Absicht auf die Komposition, als auch in Ansehung der Kunst überhaupt, und der besonderen Fertigkeit, und Delikatesse im Schlagen den allgemeinen Beyfall des Publikums erworben.

Darauf folgt zum zweytenmal das musikalische Drama,
von Friederich Wilhelm Zachariä, genannt:

Die Pilgrime auf Golgatha.

Ganz neu in Musik gesezt, von Hrn. Georg Albrechtsberger,
Kaiserl. Königl. Hofmusikus.

Wobey die Hauptstimmen singen werden, als:

Die Rolle des ersten Pilgrims.	Mlle. Cavalieri.
Die Rolle des Engels.	Mlle. Teyber.
Die Rolle des zw yten Pilgrims.	Hr. Adamberger.
Die Rolle des Einsiedlers.	Hr. Fischer.

Chor der Pilgrime.

Die Einlaßpreise sind folgende:

Erster Parterre	—	—	1 fl.	25 kr.
Zweyter Parterre und vierter Stock			—	24 —
Dritter Stock	—	—	—	40 —
Fünfter — —	—	—	—	10 —
Logen im ersten und zweyten Stock			4 —	14 —
— — dritten — —			3 —	— —
Gesperrter Siz	—	—	1 —	42 —

Die Büchel vom musikalischen Drama sind beym Logenmeister für 10 kr. zu haben.

Der Anfang ist um halb 7 Uhr.

sichere sie, daß hier ein Herrlicher ort ist – und für mein Metier der beste ort von der Welt. – das wird ihnen Jederman sagen. – und ich bin gern hier, mithin mache ich es mir auch nach meinen kräften zu Nutzn. seyen sie versichert, daß ich mein absehen nur habe, so viel möglich geld zu gewinnen; denn das ist nach der gesundheit das beste.« Das ohnehin gespannte Verhältnis zwischen dem Erzbischof und Mozart verschlechterte sich, und es kam zum endgültigen Zerwürfnis. Mozart leistete dem Befehl Colloredos, am 9. Mai Wien zu verlassen und nach Salzburg zurückzukehren, nicht Folge und kündigte seinen Dienst, was ihm nach mehreren hitzigen Unterredungen am 8. Juni durch einen Fußtritt des fürsterzbischöflichen ›Obristküchenmeisters‹ und Befehlsvollstreckers Karl Joseph Graf Arco quittiert wurde: »Nein – da schmeist er mich zur thüre hinaus, und gieb mir einen tritt im hintern. – Nun, das heisst auf teutsch, daß Salzburg nicht mehr für mich ist; ausgenommen mit guter gelegenheit dem H. grafen wieder ingleichen einen tritt im arsch zu geben, und sollte es auf öfentlicher gasse geschehen«, schrieb Mozart am 13. Juni dem Vater. Leopold erfuhr auch, mit welchen Schimpfwörtern der Erzbischof Wolfgang bedacht hatte. Es ging von ›Bube‹ und ›liederlicher Kerl‹ über ›Lump‹, ›Lausbub‹, ›Fex‹, ›elender Bube‹, ›Schurke‹ und ›Hundsfutt‹ bis hin zu ›der liederlichste Bursch, den er kenne – kein Mensch‹. Am 16. Juni 1781 versuchte Mozart, mit dem leidigen Thema abzuschließen: »ich vergass es zu schreiben, weil ich immer von der Hundsfüttischen affaire zu schreiben hatte. ... Nun kann ich ihnen doch endlich einmal wieder von Wienn etwas schreiben; bishero musste ich meine Briefe immer von der Sau=Historie anfüllen. – gott lob daß es vorbey ist. ... Mein handgreiflicher Discours bleibt dem hungrigen Esel nicht aus, und sollt es in zwanzig Jahren seyn. – denn, ihn sehen, und meinen fuß in seinem Arsch, ist gewis eins.« Doch am 20. Juni thematisiert er seine Rachegelüste weiter: »das Herz adelt den Menschen; und wenn ich schon kein graf

ich versichere sie, daß hier ein Herrlicher ort ist – und für mein Metier der beste ort von der Welt.

Nein – da schmeist er mich zur thüre hinaus, und gieb mir einen tritt im hintern.

bin, so habe ich vielleicht mehr Ehre im leib als mancher graf ..., wenn mich einer beleidigt, so muß ich mich rächen; und thue ich nicht mehr als er mir angethan, so ist es nur wiedervergeltung und keine strafe nicht; und noch dazu würde ich mich mit ihm in gleichheit stellen, und da bin ich wahrlich zu stolz dazu, als daß ich mich mit so einem dummen schöps verglieche.« Zur handgreiflichen Vergeltung ist es nicht gekommen.

das Herz adelt den Menschen; und wenn ich schon kein graf bin, so habe ich vielleicht mehr Ehre im leib als mancher graf.

Mozart fand in Wien Unterkunft bei Cäcilia Weber, der Mutter Aloysia Webers, die dem verliebten Mozart schon im Januar 1779 endgültig einen Korb gegeben hatte. Aloysia war erste Hofsängerin in Wien und heiratete 1780 den Schauspieler Joseph Lange, ein künstlerisches Multitalent. Als Schauspieler wurde er vor allem für seine Shakespeare-Darstellungen gerühmt und auch als Historien- und vor allem Porträtmaler war er nicht unbekannt. Er malte das unvollendet gebliebene Mozart-Porträt von 1789 und porträtierte unter anderem Kaiser Franz II., Fürst Esterházy und seine Schwägerin, Mozarts Ehefrau Constanze Weber. Leopold äußerte mehrfach seinen Argwohn gegen die Weberischen, denen er einen schlechten Einfluss auf seinen Sohn unterstellte. Wolfgang entgegnete (16. Mai 1781): »was sie wegen den Weberischen schreiben, kann ich sie versichern, daß es nicht so ist – bey der Langin war ich ein Narr, das ist wahr, aber was ist man nicht wenn man verliebt ist! – Ich liebte sie aber in der that, und fühle daß sie mir noch nicht gleichgültig ist – und ein glück für mich, daß ihr Mann ein Eyfersichtiger Narr ist, und sie nirgends hinlässt, und ich sie also selten zu sehen bekomme. – glauben sie mir sicher, daß die alte Mad:me weber eine sehr dienstfertige frau ist, und, daß ich ihr à proportion ihrer dienstfertigkeit nicht genug entgegen erweisen kann, denn ich habe die Zeit nicht dazu.« Da Wolfgang mit drei unverheirateten Weber-Töchtern unter einem Dach wohnte, kam er ins Gerede und sah sich genötigt, die Wohnung zu wechseln. Am 25. Juli 1781 informierte er den Vater:

bey der Langin war ich ein Narr, das ist wahr, aber was ist man nicht wenn man verliebt ist!

Joseph Lange, Ölgemälde,
um 1780

Aloysia Lange, geb. Weber, in der Rolle der Zémire in ›Zémire et Azor‹ von André Ernest Modeste Grétry, Ölgemälde von Johann Baptist von Lampi, 1784

»Ich sage noch einmal daß ich schon längst im sinn gehabt ein anderes logis zu nehmen, und das nur wegen dem Geschwätze der leute; – und mir ist leid daß ich es, wegen einer albernen Plauderey woran kein wahres Wort ist, zu thun gezwungen bin. … gott hat mir mein Talent nicht gegeben, damit ich es an eine frau henke, und damit mein Junges leben in unthätigkeit dahin lebe. – ich fange erst an zu leben, und soll mir es selbst verbittern; – ich habe gewis nichts über den Ehestand, aber für mich wäre er dermalen ein übel. … wenn ich die alle heyrathen müsste, mit den ich gespasst habe, so müsste ich leicht 200 frauen haben.« Ende August bezog Mozart im Graben 17 ein neues Quartier, das in der Nähe der weberschen Wohnung lag, und arbeitete an seiner Oper ›Die Entführung aus dem Serail‹. Doch das Alleinsein schien ihm gar nicht zu behagen, denn schon im Dezember hegte er konkrete Heiratspläne, die er dem Vater erläuterte (15. Dezember 1781): »zu heyrathen! sie erschröcken vor diesen gedanken? – ich bitte sie aber, liebster, bester vatter, hören sie mich an! – ich habe ihnen mein anliegen entdecken müssen, nun erlauben sie auch daß ich ihnen meine ursachen und zwar sehr gegründete ursachen entdecke. die Natur spricht in mir so laut, wie in Jedem andern, und vieleicht läuter als in Manchem grossen, starken limmel. Ich kann ohnmöglich so leben wie die Meisten dermaligen Jungen leute. – Erstens habe ich zu viel Religion, zweytens zu viel liebe des Nächstens und zu Ehrliche gesinnungen als daß ich ein unschuldiges Mädchen anführen könnte, und drittens zu viel Grauen und Eckel, scheu und forcht vor die krankheiten, und zu viel liebe zu meiner gesundheit als daß ich mich mit hurren herum balgen könnte; dahero kann ich auch schwören daß ich noch mit keiner frauens=Person auf diese art etwas zu thun gehabt habe. … Mein Temperament aber, welches mehr zum ruhigen und häuslichen leben als zum lärmen geneigt ist – ich der von Jugend auf niemalen gewohnt war auf meine sachen, was Wäsche, kleidung und etc: anbelangt, acht zu haben – kann mir nichts nöthigers denken als eine frau. – Ich versichere sie,

die Natur spricht in mir so laut, wie in Jedem andern, und vieleicht läuter als in Manchem grossen, starken limmel.

was ich nicht unützes öfters ausgebe, weil ich auf nichts acht habe. – ich bin ganz überzeugt, daß ich mit einer frau |: mit dem nämlichen einkommen, daß ich allein habe :| besser auskommen werde, als so.« Im selben Brief eröffnet Wolfgang dem Vater auch, wem seine Liebe gilt. Er preist Constanzes Schönheit und ihr hauswirtschaftliches Talent. Er hebt sie als eine ganz besondere Frau heraus, indem er ihre Schwestern in einem drastisch schlechten Licht darstellt. In Wirklichkeit hatten aber Wolfgang und Constanze immer ein recht gutes Verhältnis zu den Schwestern. Die Älteste, Josepha, heiratete den Geiger Franz Hofer, der Mozart auf seiner Frankfurt-Reise begleitete. Sie sang bei der Uraufführung der ›Zauberflöte‹ die Königin der Nacht. Für Aloysia schrieb Mozart weiterhin zahlreiche Konzertarien, sie sang die erste Donna Anna in ›Don Giovanni‹. Auch Constanze war eine gute Sängerin, sie übernahm bei der Uraufführung der c-Moll-Messe (KV 427=417a) in Salzburg eine der Solo-Sopranpartien. 1795 ging sie mit ihrer Schwester Aloysia auf eine große Konzertreise durch Deutschland. Nur Sophie, die Jüngste, war nicht als Sängerin tätig. Die Weber-Schwestern waren Cousinen des Komponisten Carl Maria von Weber. Ihr Vater Fridolin und Carl Marias Vater Franz Anton waren Brüder.

Vor der Eheschließung verbat Constanzes Vormund Mozart jeden weiteren Umgang mit ihr, sofern er nicht ein schriftliches Eheversprechen unterzeichne, eine im 18. Jahrhundert nicht unübliche Praxis. Am 22. Dezember 1781 schrieb Mozart seinem Vater: »er verbat mir also allen umgang mit ihr, wenn ich es nicht schriftlich mit ihm Machte. – was blieb mir also für ein Mittel übrig? – eine schriftliche legitimation zu geben, oder – das Mädchen zu lassen. – wer aufrichtig und solid liebt, kann der seine geliebte verlassen? … ich verfasste die schrift also, daß ich mich verpflichte in zeit von 3 Jahren die Mad:selle Constance Weber zu eheligen; wofern sich die ohnmöglichkeit bey mir ereignen sollte, daß ich meine gedanken ändern sollte, so solle sie alle Jahr 300 fl: von mir zu ziehen haben. – ich konnte Ja nichts leichters in der Welt schreiben. – denn ich wusste daß es zu der bezahlung dieser 300 fl: niemalen kommen wird – weil ich sie niemalen verlassen werde … – was that aber das himmlische Mädchen, als

Constanze Mozart, geb. Weber,

Ölgemälde von Joseph Lange, Wien 1782

der vormund weg war? – sie begehrte der Muter die schrift – sagte zu mir. – lieber Mozart! ich brauche keine schriftliche versicherung von ihnen, ich glaube ihren worten so; – und zeriss die schrift. – dieser zug machte mir meine liebe konstanze noch werther.« Trotz dieser sympathischen Schilderung der Zukünftigen konnte die Einwilligung Leopolds zur Eheschließung nicht erwirkt werden, und so heiratete der Sechsundzwanzigjährige die sechs Jahre jüngere Constanze gegen den ausdrücklichen Willen seines Vaters am 4. August 1782.

In Maria Wilhelmine Gräfin Thun-Hohenstein fand Mozart von Beginn seiner Wiener Zeit an eine engagierte Förderin und Fürsprecherin. Ihr Salon war ein kulturelles Zentrum Wiens. Hier kamen regelmäßig in zwanglosen Treffen Aristokraten, Künstler und Wissenschaftler zusammen, hier konnte man Bekanntschaften machen und wichtige Kontakte knüpfen. Franz Joseph Graf Thun-Hohenstein war Freimaurer und zählte zu den aufklärerischen Kreisen Wiens. Noch vor seinem endgültigen Bruch mit dem Salzburger Erzbischof hatte Mozart in Wien Kontakt zum Ehepaar Thun. Am 24. März 1781 schrieb er seinem Vater: »bey der gräfin Thun habe schon 2 mal gespeist, und komme fast alle tage hin – das ist die charmanteste, liebste Damme die ich in meinem leben gesehen; und ich gelte auch sehr viel bey ihr«. Im Mai 1781 hatte Mozart die Gelegenheit, bei Gräfin Thun Auszüge aus seiner im Januar vollendeten Oper ›Idomeneo‹ auf dem Klavier zu spielen – in Anwesenheit wichtiger Persönlichkeiten. Neben Baron Gottfried van Swieten waren auch Hofrat und Theaterkritiker Joseph von Sonnenfels und der Hoftheaterintendant Franz Xaver Wolf Graf Orsini-Rosenberg geladen. Vollendete Teile seiner Oper ›Die Entführung aus dem Serail‹ spielte Mozart schon vor der Uraufführung im Salon der Gräfin Thun. Auch Johann Joseph Anton Graf Thun-Hohenstein, der Schwiegervater der Gräfin, bemühte sich um Mozart.

Als Wolfgang und Constanze nach ihrer Hochzeit erstmals Leopold und Nannerl in Salzburg besuchten, kamen sie auf der Rückreise über Linz und blieben dort drei Wochen – als Gäste des alten Grafen Thun. Über diese herzliche und überraschende Einladung berichtete Mozart am 31. Oktober 1783 seinem Vater: »da

Die Töchter des Grafen Thun-Hohenstein, um 1788,

Ölgemälde von Friedrich Heinrich Füger

kamm gleich der Junge graf thun |: bruder zu dem thun in Wienn :| zu mir, und sagte mir daß sein H. Vater schon 14 tage auf mich wartete, und ich möchte nur gleich bey ihm anfahren, denn ich müsste bey ihm Logiren. – Ich sagte ich würde schon in einem Wirthshause absteigen. – als wir den andern tage zu Linz beym thor waren, war schon ein bedienter da, um uns zum alten grafen thun zu führen, alwo wir nun auch Logiren. – Ich kann ihn nicht genug sagen wie sehr man uns in diesem Hause mit höflichkeit überschüttet. – Dienstag als den 4:ten Novembr werde ich hier im theater academie geben. – und weil ich keine einzige Simphonie bey mir habe, so schreibe ich über hals und kopf an einer Neuen, welche bis dahin fertig seyn muß.« Diese schnell geschriebene Sinfonie war die so genannte ›Linzer‹ in C-Dur (KV 425).

Selbstverständlich trat Mozart auch in zahlreichen anderen Adelspalais auf, unter anderem bei Fürst Esterházy und der kaiserlichen Familie. Auch in bürgerlichen Salons spielte Mozart, beispielsweise bei den Familien von Auernhammer, Ployer, Trattner und Wetzlar. Neben adligen und bürgerlichen Mäzenen waren für Mozarts Fortkommen in Wien auch die Schülerinnen wichtig, darunter Marie Karoline Gräfin Thiennes de Rumbeke und Josepha Gabriela Pálffy, oder Josepha Auernhammer und Babette Ployer. Für sie schrieb Mozart zahlreiche Kompositionen und konzertierte selbst oft mit ihnen. Die Schülerinnen sicherten ihm die nötigste finanzielle Grundlage auch in Zeiten ohne lukrative Kompositionsaufträge: »ich habe nun 3 Scolarinen. – da komm ich das Monath auf 18 duckaten. – denn ich mache es nicht mehr mit 12 lectionen sondern Monathlich. – ich habe mit schaden erfahren, daß sie oft ganze wochen ausgesezt – Nun aber mögen sie lernen oder nicht, so muß mir Jede 6 dugaten geben. – auf diese art will ich noch mehrere bekommen – doch brauch ich nur noch eine, mit viern habe ich genug, das macht 24 dugaten, das sind; 102 fl: und 24 kr: – mit diesem kann man hier mit einer frau |: still und ruhig wie wir zu leben wünschen :| schon auskommen.« (an den Vater, 23. Januar 1782).

Neben den zahlreichen Salons und Konzertsälen waren in Wien zwei Theater Mozarts Hauptwirkungsstätten – das Kärntnertortheater und das alte Burgtheater am Michaelerplatz. Bis zum Beginn des 19. Jahrhunderts wurden im Kärntnertortheater neben Akademien vorwiegend Sprechtheaterstücke gegeben, später Ballette sowie italienisch- und deutschsprachige Opern. Es wurde zum Vorläufer der Hofoper. Doch 1868 schloss das Kärntnertortheater endgültig seine Pforten und wurde abgerissen. Etwa an der Stelle des ehemaligen Kärntnertortheaters steht heute das Hotel Sacher. 1869 wurde auf einem benachbarten Baugrund am Ring das neue Hofoperngebäude, die heutige Wiener Staatsoper, eröffnet. 1762 und 1767 ließ Maria Theresia einen Ballsaal im Nordosttrakt der Hofburg zu einem Theater umbauen. Es entstand das ›Theater nächst der Burg‹, das so genannte Burgtheater. Der Zuschauerraum war eine Holzkonstruktion und wurde wegen seiner hervorragenden Akustik gerühmt. Die Hofloge war direkt von den kaiserlichen Gemächern aus zu erreichen. 1762 und 1767 kamen hier Glucks Reformopern ›Orfeo et Euridice‹ und ›Alceste‹ zur Uraufführung. 1776 erklärte Joseph II. das Burgtheater zum ›Nationaltheater nächst der Burg‹ und leistete somit vor allem dem deutschsprachigen Theater Vorschub. Hier wurden Mozarts Opern ›Die Entführung aus dem Serail‹, ›Le nozze di Figaro‹ und ›Così fan tutte‹ uraufgeführt. 1888 bezog das Ensemble den nahegelegenen Theaterneubau, das heutige Burgtheater am Dr.-Karl-Lueger-Ring gegenüber dem Rathaus. Der Architekt Karl Hasenauer orientierte sich an Plänen des sächsischen Baumeisters Gottfried Semper, so dass Ähnlichkeiten des Wiener Burgtheaters mit der Dresdner Semperoper auffällig sind. Die Redoutensäle in der Hofburg waren zunächst nur dem Adel vorbehalten. Erst unter Joseph II. wurden sie allen Ständen geöffnet. Nur in den Redouten war es erlaubt, Masken zu tragen. Hier fanden die vornehmsten Faschingsbälle Wiens statt. Mozart nahm selbst gern an derlei öffentlichen Unterhaltungen teil und schrieb für die Maskenbälle im Redoutensaal zahlreiche Tänze für Orchester.

Eine späte Wirkungsstätte Mozarts war der Wiener Stephansdom, wo er 1782 getraut worden war. Im Frühjahr 1791 nahm Mozart eine Stelle als unbesoldeter Kapellmeister an St. Stephan an. Da der diensthabende Domkapellmeister Leopold Hofmann seit längerem krank war, stimmte der Magistrat dem Gesuch

Der Michaelerplatz in Wien, um 1783,
aquarellierte Federzeichnung von Carl Schütz

Der Stephansdom von Norden, 1792,
kolorierter Kupferstich von Carl Schütz

Maskenball im Redoutensaal, um 1780,
Feder und Pinsel in Braun

Mozarts zu, dass dieser dem Kapellmeister »in seinem Dienste unentgeltlich an die Hand gehen, ihn, wenn er selbst nicht erscheinen kann, ordentlich suppliren, und in dem Falle diese wirkliche Kapellmeisterstelle erledigt werden wird, sich mit dem Gehalt, und allem deme, was der Magistrat zu verordnen und zu bestimmen für gut finden wird, begnügen wolle« (9. Mai 1791). Doch wurde der letzte Punkt des Gesuchs nie wirksam, da Hofmann Mozart um zwei Jahre überlebte. Zu einer besoldeten Anstellung Mozarts als Domkapellmeister kam es also nicht.

Ein Ort, den Mozart gern in seiner Freizeit aufsuchte, war der Wiener Prater. Joseph II. hatte verschiedene Parkanlagen der Allgemeinheit zugänglich gemacht – so den Prater 1766, den Augarten 1775 und den Schlosspark von Schönbrunn 1779. Das weite kaiserliche Jagdrevier ›Prater‹ wurde zum größten und beliebtesten Vergnügungs- und Erholungspark für die Öffentlichkeit. Auf einem eigens eingerichteten Platz mit einer großen Tribüne gab es zwischen Mai und September regelmäßige Feuerwerke, die jeweils unter einem bestimmten Motto standen. Geschicklichkeitsübungen wie das so genannte Vogelschießen oder Zielwerfen, eine Art Vorläufer des Tontaubenschießens, wurden veranstaltet. Drei Kaffeehäuser in der Hauptallee zogen in der warmen Jahreszeit die feine Wiener Gesellschaft an. Auch Mozart suchte gern Erholung im Prater. Am 3. Mai 1783 schrieb er seinem Vater: »Ich kann mich ohnmöglich entschlüssen so frühe in die Stadt hinein zu fahren. – das Wetter ist gar zu schön – und im Prater ist es heute gar zu angenehm. ... wegen mehrern schreiben, und der varierten arie müssen sie schon heute gedult haben – im Prater lässt sich das natürlicher weise nicht thun – und das schöne Wetter kann ich wegen meinen lieben Weiberl nicht verloren gehen lassen. – Comotion ist ihr gesund.«

Ich kann mich ohnmöglich entschlüssen so frühe in die Stadt hinein zu fahren. – das Wetter ist gar zu schön – und im Prater ist es heute gar zu angenehm.

Der Wiener Augarten wurde als kaiserlicher Lust- und Jagdgarten im 17. Jahrhundert angelegt. Als Joseph II. ihn der Allgemeinheit zugänglich machte,

Die Lindenallee im Wiener Augarten, 1783,
kolorierter Kupferstich und Radierung von Johann Ziegler

Das Lusthaus im Prater, 1783, kolorierter Kupferstich
und Radierung kombiniert von Johann Ziegler

schuf Isidor Carnevale ein triumphbogenartiges Eingangsportal mit der Widmung: »Allen Menschen gewidmeter Erlustigungs-Ort von ihrem Schätzer«. Im kaiserlichen Gartenpalais fanden seit 1772 die so genannten Morgenkonzerte statt, die ab 1782 auch Mozart gelegentlich dirigierte. Später übernahm der berühmte Geiger Ignaz Schuppanzigh die Leitung, durch den mehrere Werke Ludwig van Beethovens hier zur Aufführung kamen. Heute ist das Saalgebäude Sitz der Porzellanmanufaktur, seit 1948 ist im Palais das Internat der Wiener Sängerknaben untergebracht.

Zu Mozarts Zeit gab es in Wien noch keine etablierten kommerziellen Konzertunternehmer, die für Komponisten oder Interpreten Konzerte organisierten und vor allem das finanzielle Risiko eines Konzerts trugen. So war Mozart auch sein eigener Konzertveranstalter. Die meist auf Subskriptionsbasis geführten Konzerte waren eine wichtige Einnahmequelle für den freischaffenden Musiker.

1784 war das mit Abstand erfolgreichste Konzertjahr für Mozart. Es entstanden allein sechs Klavierkonzerte. Um Musikerwitwen und -waisen durch Renten unterstützen zu können, wurde in Wien 1771 nach Londoner Vorbild die ›Tonkünstler-Societät‹ – ein Sozialinstitut für Musiker – gegründet, zu deren Gunsten im Kärntnertortheater Akademien stattfanden. Mozart zeigte gleich zu Beginn seiner Wiener Zeit Interesse daran, dort ein Konzert zu geben, »denn, stellen sie sich vor – sie wissen daß hier eine Societet ist, welche zum vortheile der Witwen von den Musicis accademien giebt – alles was nur Musik heist spiellt da umsonst – das orchestre ist 180 Personnen stark – kein virtuos der nur ein bischen liebe des Nächsten hat, schlägt es ab darin zu spiellen, wenn er von der Societet aus darum ersuchet wird – denn, man macht sich auch sowohl beym kayser als beym Publicum darum beliebt«, schrieb er am 24. März 1781 dem Vater. Das erste Konzert Mozarts in Wien zugunsten der Sozietät fand in Anwesenheit Josephs II. statt und wurde für

sie wissen daß hier eine Societet ist, welche zum vortheile der Witwen von den Musicis accademien giebt – alles was nur Musik heist spiellt da umsonst.

Grosse musikalische Akademie.

Oggi Domenica li 13. di Marzo 1785.
al Teatro Nazionale presso la Imp. Corte
si darà
A BENEFICIO DELLA SOCIETA DI MUSICA
la solita grande
ACCADEMIA DI MUSICA
IN DUE PARTI

PRIMA PARTE.

1) Una nuova Sinfonia del Sig. Gius. HAIDEN, Maestro di Capella in attual servizio di S. A. il Sig. Principe Esterhazy.
2) Un' Aria cantata dal Sig. MANDINI.
3) Coro del Sig. GASMAN, fu Maestro di Capella di S. M. l'Imperatore.
4) Un' Aria cantata dalla Sigra. Le BRUN.
5) Coro del Sig. HAIDEN.
6) Un Concerto sul oboe esequito dal Sig. Le BRUN.

SECONDA PARTE.

Una nuova Cantata addatata a questa occasione del Sig. Amadeo MOZART, a tre voci con Cori, esequita dalla Sigra. CAVALLIERI, Sigra. DISTLER, e dal Sig. ADAMBERGER.

I prezzi per l'ingresso sono i seguenti:

Al Parterre nobile	1 fior.	25 kr.
Sedia chiusa	1	42
Al secondo Parterre	—	24
Al terzo Piano	—	40
Sedia chiusa	—	50
Al quarto Piano	—	20
Una Loggia	4	20

Quelli però della Nobiltà, che non sono intenzionati di tener loro Balchi abonnati per il solito Spettacolo in questo Teatro, sono ricercati di avvisarne a tempo il Maestro delle Loggie.

Si comincierà alle ore 7.

Heute Sonntag den 13ten März 1785. wird im
kaiserl. königl. Nazional-Hof-Theater
zum Vortheile der errichteten Tonkünstlergesellschaft
gehalten werden
die gewöhnliche
große musikalische Akademie
in zwo Abtheilungen.

Erste Abtheilung.

1) Eine neue Simphonie vom Hrn. Joseph Hayden, Kapellmeistern bey Sr. Durchl. dem Fürsten von Esterhazy.
2) Eine Arie gesungen vom Hrn. Mandini.
3) Ein Chor von Hrn. Gasmann, gewesten k. k. Hofkapellmeistern.
4) Eine Arie gesungen von Madame Le Brun.
5) Ein Chor von Hrn. Hayden.
6) Ein Konzert auf der Hautbois, geblasen vom Hrn. Le Brun.

Zwote Abtheilung.

Eine ganz neue, dieser Zeit angemessene Kantate von Hrn. Amad. Mozart, von drey Stimmen mit Chören, in welcher Demlle. Kavallieri, Demlle. Distler, und Hr. Adamberger die Hauptarien singen werden.

Die Einlaßpreise sind folgende:

Erster Parterre	1 fl.	25 kr.
Gesperrter Siz	1	42
Zweiter Parterre	—	24
Dritter Stock	—	40
Gesperrter Siz	—	50
Vierter Stock	—	20
Eine Loge	4	20

Jene von der hohen Noblesse, welche vielleicht ihre bey den sonst gewöhnlichen Schauspielen abbonirten Logen nicht beybehalten wollen, werden ersuchet, es dem Logenmeister beyzeiten wissen zu lassen.

Der Anfang ist um 7. Uhr.

Akademiekonzert, Anschlagzettel für die Konzerte der Tonkünstler-Sozietät am 13. und 15. März 1785 im k.k. Hof-Burgtheater

Eintrittskarte zu einem Konzert Mozarts

Mozart ein großer Erfolg. Für ein weiteres Benefizkonzert zugunsten der Tonkünstler-Sozietät im März 1785 stand unter anderem »Eine ganz neue, dieser Zeit angemessene Kantate von Hrn. Amad. Mozart« auf dem Programm. Es handelte sich um Mozarts Chorwerk ›Davidde penitente‹ (KV 469), eine keineswegs ganz neue Kantate. Die Sozietät hatte Mozart im Januar 1785 um ein neues Vokalwerk gebeten und der vielbeschäftigte Pianist und Komponist schrieb kurzerhand ein bereits vorhandenes Werk um. Er versah Kyrie und Gloria der 1783 in Salzburg uraufgeführten, doch unvollendet gebliebenen c-Moll-Messe mit einem neuen Text, fügte außerdem zwei neukomponierte Arien und eine Schlusskadenz für den Chor hinzu und stellte hieraus die neue Kantate zusammen.

mein gröster wunsch wäre hier eine opera zu schreiben.

Schon aus Paris hatte Mozart am 8. November 1777 geschrieben: »mein gröster wunsch wäre hier eine opera zu schreiben«. Doch während der Bewerbungsreise war es nicht dazu gekommen. In Wien gelang Mozart nun der Einstand als Opernkomponist mit seinem ersten bedeutenden Beitrag in der Gattung des deutschen Singspiels, der am 16. Juli 1782 uraufgeführten ›Entführung aus dem Serail‹. Zuvor hatte er sich in dieser Gattung lediglich mit dem einaktigen Schäferspiel nach französischem Vorbild ›Bastien und Bastienne‹ (1768) und mit der deutschen Umarbeitung der Opera buffa ›La finta giardiniera‹ (1780) erprobt. ›Die Entführung aus dem Serail‹ wurde zu seiner zu Lebzeiten erfolgreichsten Oper. Sie war ein Auftragswerk Kaiser Josephs II. und stand in unmittelbarem Zusammenhang mit dessen 1776 im Burgtheater eingerichteten Wiener Nationalsingspiel, mit dem er eine deutschsprachige Oper in Wien zu etablieren hoffte. Mozarts drei Opere buffe ›Le nozze di Figaro‹ (Uraufführung: 1. Mai 1786 in Wien), ›Don Giovanni‹ (Uraufführung: 29. Oktober 1787 in Prag) und ›Così fan tutte‹ (Uraufführung: 26. Januar 1790 in Wien) gehen jeweils auf ein Libretto des venezianischen Dichters Lorenzo Da Ponte zurück. Da Ponte führte ein abenteuerliches Leben. Er stammte aus Venedig, konvertierte vom Judentum zum Christentum und wurde Priester. Wegen zahlreicher Affären

musste er das Land verlassen und ging nach Wien, wurde aber auch von dort verbannt. Über London kam er schließlich nach New York, wo er sich für die Förderung der italienischen Oper einsetzte und unter dem Titel ›Memorie‹ autobiografische Erinnerungen veröffentlichte. Die Commedia per musica ›Le nozze di Figaro‹ ist nach den Opern aus Jugendtagen ›La finta semplice‹ und ›La finta giardiniera‹ die dritte Opera buffa Mozarts sowie zugleich seine erste und einzige Oper, die er nicht als Auftragswerk schrieb. Außerdem ist sie unter den drei Da-Ponte-Opern das inhaltlich mit Abstand komplizierteste, aber gleichzeitig dramaturgisch stringenteste Werk. Die Vorlage, das vorrevolutionäre Skandalstück ›La Folle journée ou Le Mariage de Figaro‹ aus der Figaro-Trilogie des französischen Dichters Pierre Augustin Caron de Beaumarchais, war aufgrund mehrerer Aufführungsverbote erst 1784 in Paris uraufgeführt worden und sorgte sogleich auch in Wien für Gesprächsstoff. Verschiedene deutsche Übersetzungen erschienen und Emanuel Schikaneder probte das Stück bereits mit seiner Truppe im Kärntnertortheater, als auch in Wien die kaiserliche Zensur eine Aufführung verbot. Es war für Mozart ein doppeltes Wagnis, ohne Auftrag einen solch brisanten Stoff zu wählen, andererseits trugen aber gerade diese Verbote durchaus zur Popularität des Werks bei. Die kongeniale Zusammenarbeit zwischen Mozart und Da Ponte ist besonders hoch einzuschätzen, da Mozart – für einen Komponisten des 18. Jahrhunderts ungewöhnlich – äußerst präzise Vorstellungen über ein für ihn geeignetes Libretto hatte und sich Da Ponte – für einen Librettisten des 18. Jahrhunderts ungewöhnlich – individuell auf die Art des Komponisten, für den er jeweils schrieb, einstellte. Da Ponte lieferte auch keine schlichte Übersetzung der französischen Vorlage, sondern bearbeitete das Schauspiel zu einem neuen Operntext. Er milderte moralisch anrüchige oder politisch heikle Stellen ab – ein Zugeständnis an die Zensur Josephs II. –, kürzte das Stück und reduzierte die Zahl der handelnden Personen. Trotz der Komprimierung und trotz gängiger Topoi wie Verkleidung, Verwechselung und Intrige schuf Da Ponte ein äußerst freies Spiel mit plötzlichen Wendungen und unvermuteten Zufällen und lieferte damit die optimale

Lorenzo Da Ponte, Ölgemälde

›Le Mariage de Figaro‹, Detail einer Illustration aus der Pariser Erstausgabe, Stich von Jean-Baptiste Liénard nach Jacques Philippe Joseph de Saint-Quentin, 1785

Grundlage für die neuen Möglichkeiten der Musik Mozarts. In ihrer Verbindung von strenger Konstruktion einerseits und gleichzeitiger Freiheit andererseits schafft Mozarts Musik theaterwirksame Situationen, in denen individuelle Charaktere spontan handeln können. Das Hauptgewicht der Aktion liegt nicht mehr nur in den Ensembles, sondern verstärkt auch in den Arien. Obwohl Mozart für die Komposition von Mitte Oktober 1785 bis Ende April 1786 gut sechs Monate Zeit hatte, könnte auch Da Pontes Angabe, das Werk sei innerhalb von sechs Wochen entstanden, stimmen, denn Mozart war ab Ende November 1785 bereits mit anderen zeitraubenden Arbeiten beschäftigt: Es entstanden weitere bedeutende Kompositionen, etwa die ›Maurerische Trauermusik‹ KV 477=479a, die Violinsonate KV 481 oder die Klavierkonzerte KV 482, 488 und 491, zudem gab Mozart zahlreiche Konzerte.

hier wird von nichts gesprochen als vom – figaro; nichts gespielt, geblasen, gesungen und gepfiffen als – figaro.

Die glänzend besetzte Uraufführung des ›Figaro‹ war ein großer Erfolg. Schon bald folgten deutsche, später auch französische und englische Bearbeitungen der Oper sowie Ausgaben als Klavierauszug, Streichquartett- oder Harmoniemusik-Bearbeitung. Die im November 1786 an der Hofoper uraufgeführte Erfolgsoper ›Una cosa rara‹ von Vicente Martín y Soler stellte den ›Figaro‹ aber sofort in den Schatten, so dass er in Wien vorläufig abgesetzt wurde. Die Erstaufführung in Prag im Dezember 1786 dagegen wurde begeistert aufgenommen. »ich sah aber mit ganzem Vergnügen zu, wie alle diese leute auf die Musick meines figaro, in lauter Contretänze und teutsche verwandelt, so innig vergnügt herumsprangen; - denn hier wird von nichts gesprochen als vom - figaro; nichts gespielt, geblasen, gesungen und gepfiffen als - figaro: keine Opera besucht als - figaro und Ewig figaro; gewis grosse Ehre für mich«, berichtet Mozart seinem Freund Gottfried von Jacquin am 15. Januar 1787. Aufgrund des großen Erfolgs erhielt Mozart Anfang 1787 aus Prag den Auftrag zu einer neuen Oper, ›Don Giovanni‹. In ihrer zweiten gemeinsamen Zusammenarbeit griffen Mozart und Da Ponte einerseits auf einen im Theater des 18. Jahrhun-

derts bereits äußerst populären Stoff zurück, andererseits begründeten sie durch ihr Dramma giocoso ›Don Giovanni‹ erst den eigentlichen Mythos um den spanischen Frauenhelden, der Erotik und Leidenschaft mit Dämonie und Verbrechen verbindet und nachhaltig zentrale menschliche Leidenschaften berührt. Das Dramma giocoso ›Così fan tutte‹ ist die letzte Opera buffa Mozarts, in der er nun weit über die eigentlichen Grenzen der Gattung hinausgeht und ein nicht nur in musikalisch-dramaturgischer, sondern auch in psychologischer Hinsicht singuläres Werk schafft. Der Zeitpunkt der Uraufführung jedoch war denkbar schlecht: Am 20. Februar 1790 war Joseph II. gestorben und die Oper musste wegen der Trauerzeit kurz nach der Premiere abgesetzt werden.
Der in Österreich ausbleibende Erfolg von Mozarts Opern bewegte Haydn im Dezember 1787 zu einem eindringlichen Brief an Franz Rott: »könnt ich jedem Musikfreunde, besonders aber den Großen, die unnachahmlichen Arbeiten Mozarts, so tief und mit einem solchen musikalischen Verstande, mit einer so großen Empfindung in die Seele prägen, als ich sie begreife und empfinde; so würden die Nationen wetteifern, ein solches Kleinod in ihren Ringmauern zu besitzen. Prag soll den theuern Mann festhalten – aber auch belohnen; denn ohne dieses ist die Geschichte großer Genien traurig, und giebt der Nachwelt wenig Aufmunterung zum ferneren Bestreben; weßwegen leider so viel hoffnungsvolle Geister darnieder liegen. Mich zürnet es, daß dieser einzige Mozart noch nicht bey einem kaiserlichen oder königlichen Hofe engagirt ist! Verzeihen Sie, wenn ich aus dem Geleise komme; ich habe den Mann zu lieb. Ich bin etc. Joseph Haydn. S. An das Prager Orchester und die dasigen Virtuosen mein ergebenstes Kompliment.« Haydn wollte dem jüngeren Kollegen die ihm längst gebührende Anerkennung verschaffen. Eine seinen Fähigkeiten angemessene Stelle als Hofkomponist oder Hofkapellmeister der kaiserlichen Hof- und Nationaltheater in Wien erhielt Mozart jedoch nicht. 1787 wurde er von Joseph II. zum kaiserlichen Kammermusikus ernannt und gehörte damit zur Gruppe der ›k. k. Kamermusici‹, als deren ›Kompositor‹ er geführt wurde. Die Nachfolge Giuseppe Bonnos als Hofkapellmeister der ›k. k. Hofmusik‹ trat 1788 Antonio

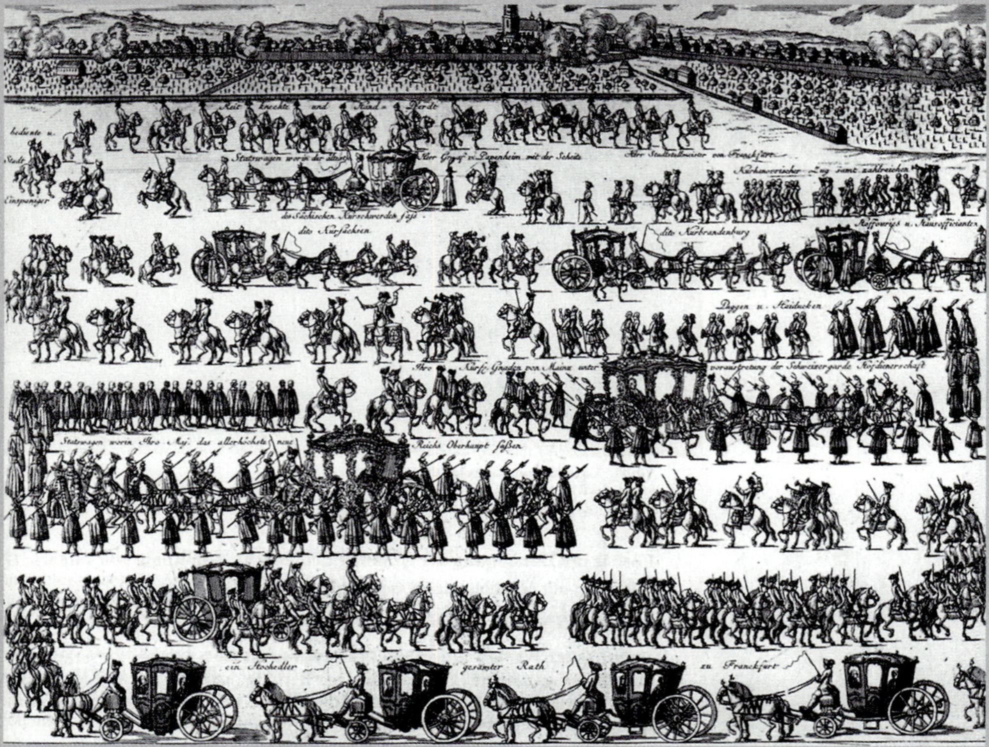

Einzug Leopolds II. zur Kaiserkrönung in Frankfurt am 4. Oktober 1790, Kupferstich

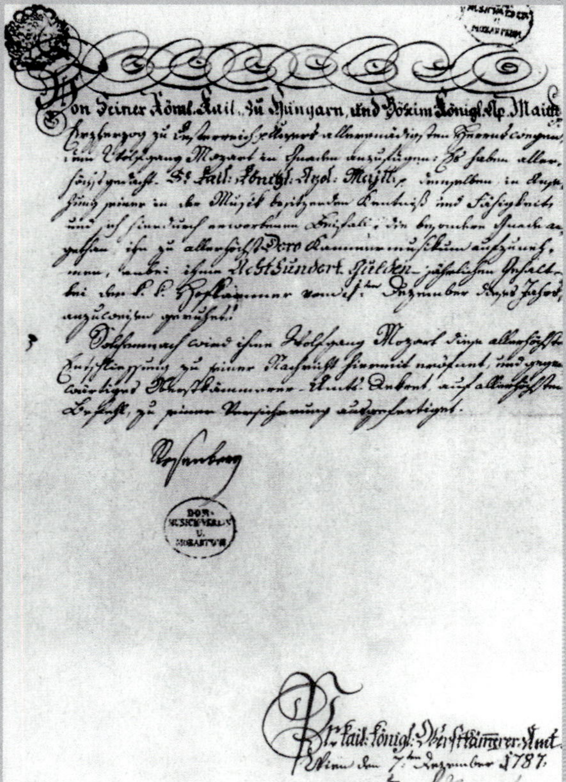
Von Seiner Röml. Kail. zu Hungarn, und Böheim Königl. Ap. Majt.

Mozart

Achthundert Gulden

Mozart

Rosenberg

Sr. kail. königl. Oberstkämmerer Amt
Wien den 7. Dezember 1787

Mozarts Anstellungsdekret als ›k.k. Kammermusikus‹

Salieri an. Auch wenn die Stelle des Kammermusikers sicherlich nicht Mozarts erstrebte Position war, kamen ihm die regelmäßigen Einnahmen sehr gelegen, zumal ihn ab Sommer 1788 finanzielle Schwierigkeiten mehr und mehr bedrängten. An Nannerl schreibt Mozart am 2. August 1788: »um dir über den Punkt in betref meines dienstes zu antworten, so hat mich der kayser zu sich in die kammer genommen, folglich förmlich dekretiert; einsweilen aber nur mit 800 fl: – es ist aber keiner in der kammer der so viel hat.«

Die Ursache für die Geldsorgen Mozarts kann wohl nicht vollends geklärt werden. Constanze war von mehreren Schwangerschaften geschwächt und unternahm daher zwischen 1789 und 1791 kostspielige Kuren. Und Mozart ließ es sich nicht nehmen, seine Frau während der Kuraufenthalte im nahegelegenen Baden mehrfach zu besuchen, was wiederum Ausgaben erforderte. Er vermisste Constanze sehr, ihre Gesellschaft war ihm existentiell notwendig, wie ein Brief vom 12. Juni 1791 belegt: »Für mich ist es gar nicht gut alleine zu seyn.«

Während er in den Briefen an seine Frau immer wieder seine Sehnsucht nach ihr ausdrückte, sprach er in anderen Briefen aus dieser Zeit, die an seinen Freimaurer-Ordensbruder Michael Puchberg gerichtet waren, offen von seiner finanziellen Not. Rund zwanzig Briefe an Puchberg sind aus der Zeit zwischen Juni 1788 und April 1791 erhalten.

Der Freund kam den Bitten nach, doch zahlte er meist weniger, als Mozart verlangte. Insgesamt beliefen sich dessen Schulden bei Puchberg auf etwa 1450 Floren. Die rund 1000 Floren, die davon bei Mozarts Tod noch offen standen, beglich schließlich Constanze. Auch den Hauptverleger seiner Werke, Franz Anton Hoffmeister, bat Mozart im November 1785 um ein Darlehen, vermutlich ein Vorschuss auf sein Honorar für ein Klavierquartett. Es ist ein äußerst knappes Schreiben, in dem Mozart unverzüglich und ohne kniefällige Anrede zur Sache kommt.

Auch wenn Mozart immer wieder daran dachte, sein Glück im Ausland zu versuchen, führte er bewusst nicht mehr das Leben eines reisenden Virtuosen, wie er es aus seiner Kindheit kannte. Er etablierte sich in Wien und unternahm nur wenige gezielte Reisen, die seiner Kasse und seinem Renommee dienlich waren. Eine davon begann am 8. April 1789 und sollte den Komponisten und seine Begleitung, den Fürsten Lichnowsky, nach Berlin führen. Bei einer Zwischenstation in Dresden spielte Mozart in einem Hofkonzert vor dem Kurfürsten Friedrich August II. von Sachsen und seiner Frau und anderntags auf der Gottfried-Silbermann-Orgel in der Hofkirche. Während des dreitägigen Leipzig-Aufenthalts improvisierte er auch auf der Orgel der Thomaskirche. In Potsdam bemühte Mozart sich vergebens um eine Audienz beim preußischen König Friedrich Wilhelm II. Bevor er weiter nach Berlin fuhr, reiste er noch einmal zurück nach Leipzig und gab im Saal des Gewandhauses ein Konzert. Am 19. Mai kam er endlich in Berlin an. Hier erlebte er wahrscheinlich eine Aufführung seiner Oper ›Die Entführung aus dem Serail‹ im königlichen Nationaltheater, traf den jungen Ludwig Tieck und konzertierte im Berliner Schloss vor Königin Friederike. Außerdem erhielt er den Auftrag, für den König sechs Streichquartette und für die Prinzessin sechs leichte Klaviersonaten zu schreiben. Es entstanden später aber nur die drei so genannten ›Preußischen Quartette‹ (KV 575, 589 und 590) und die Klaviersonate in D-Dur (KV 576). Am 4. Juni kam er zurück nach Wien. Constanze und ihr Sohn Carl Thomas reisten Mozart bis zur letzten Poststation vor Wien entgegen.

Im Februar 1790 starb der durch seine Reformen und Sparmaßnahmen in der Bevölkerung wenig beliebte Kaiser Joseph II. Die Nachfolge trat sein Bruder an, der Großherzog Leopold von Toskana, im Oktober des Jahres sollte er in Frankfurt als Leopold II. zum Kaiser gekrönt werden. Unter dem neuen Herrscher hoffte Mozart auf eine Stelle als Hof-Opernkomponist oder Kapellmeister. Doch Mozarts Chancen am Hof des neuen Kaisers standen so schlecht, dass er schon froh sein konnte, seine Stelle als Kammermusiker nicht zu verlieren. An eine bessere Position war nicht zu denken. An den Krönungsfeierlichkeiten in Frankfurt nahm Mozart sicherlich aus strategischen Gründen teil, schließlich war es wichtig, sich bei einem solchen gesellschaftlichen Großereignis zu zeigen. Er brach am 23. September in Begleitung seines Schwagers Franz Hofer

Theaterzettel der Oper ›Die Zauberflöte‹

K.K. priv. L. II. Wiedner Theater

Heute Freytag den 30ten September 1791.

Werden die Schauspieler in dem kaiserl. königl. privil. Theater auf der Wieden die Ehre haben aufzuführen

Zum Erstenmale:

Die

Zauberflöte.

Eine grosse Oper in 2 Akten, von Emanuel Schikaneder.

Personen

Sarastro.	Hr. Gerl.
Tamino.	Hr. Schack.
Sprecher.	Hr. Winter.
Erster)	Hr. Schikaneder der ältere.
Zweiter) Priester.	Hr. Kistler.
Dritter)	Hr. Moll.
Königin der Nacht.	Mad. Hofer.
Pamina ihre Tochter.	Mlle. Gottlieb.
Erste)	Mlle. Klöpfer.
Zweite) Dame.	Mlle. Hofmann.
Dritte)	Mad. Schack.
Papageno.	Hr. Schikaneder der jüngere.
Ein altes Weib.	Mad. Gerl.
Monostatos ein Mohr.	Hr. Nouseul.
Erster)	Hr. Gieseke.
Zweiter) Sklav.	Hr. Frasel.
Dritter)	Hr. Starke.
Priester, Sklaven, Gefolge.	

Die Musik ist von Herrn Wolfgang Amade Mozart, Kapellmeister, und wirklicher K. K. Kammerkompositeur. Herr Mozard wird aus Hochachtung für ein gnädiges und verehrungswürdiges Publikum, und aus Freundschaft gegen den Verfasser des Stücks, das Orchester heute selbst diregiren.

Die Bücher von der Oper, die mit zwei Kupferstichen versehen sind, wo Herr Schikaneder in der Rolle als Papageno nach wahrem Kostum gestochen ist, werden bei der Theater-Kassa vor 30 kr. verkauft.

Herr Gayl Theatermahler und Herr Neßlthaler als Dekorateur schmeicheln sich nach dem vorgeschriebenen Plan des Stücks, mit möglichsten Künstlersfleiß gearbeitet zu haben.

Die Eintrittspreise sind wie gewöhnlich.

Der Anfang ist um 7 Uhr.

Emanuel Schikaneder als Papageno,

Kupferstich von Ignaz Alberti

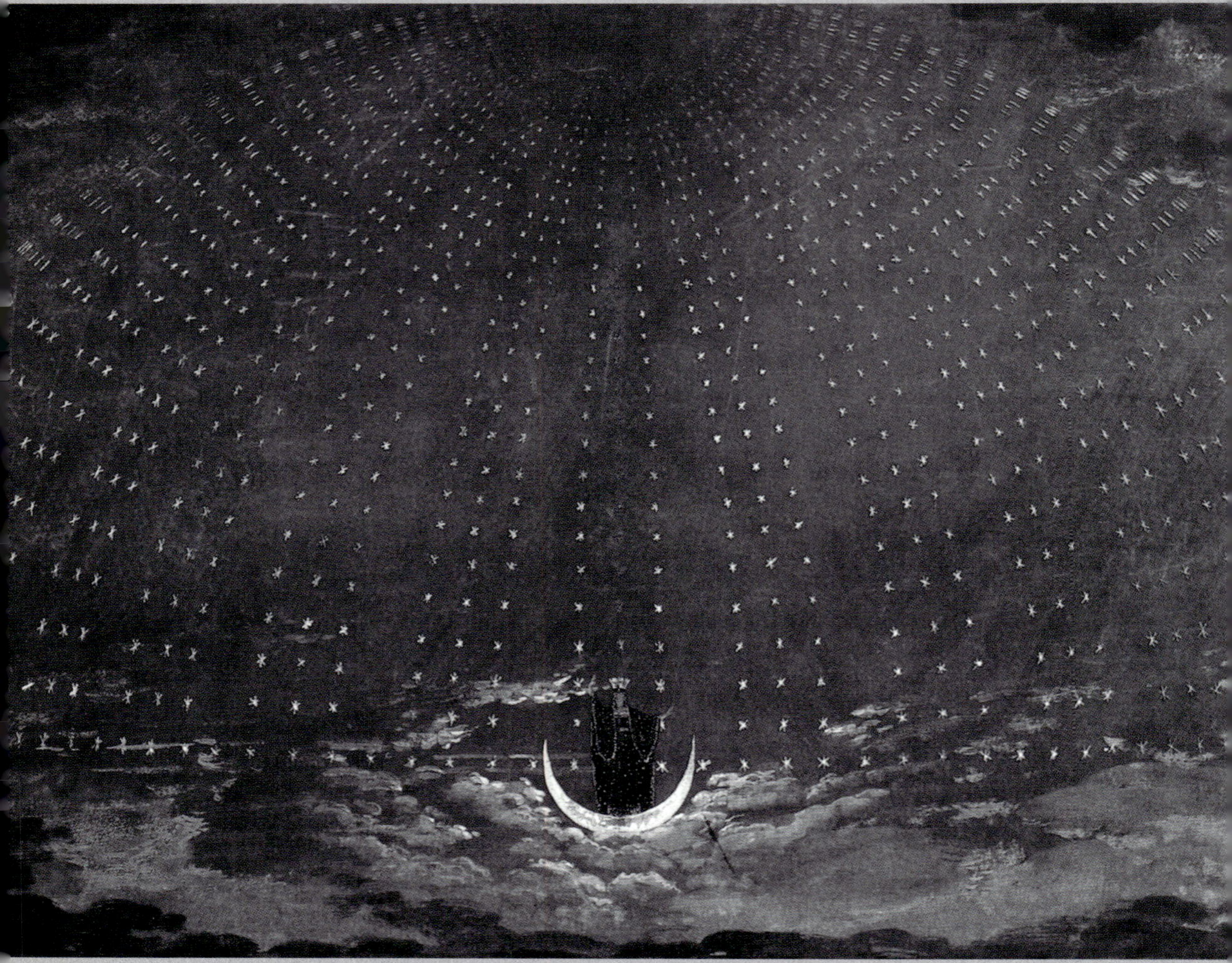

Sternenhimmel im Palast der Königin der Nacht,
Bühnenbildentwurf zur ›Zauberflöte‹
von Karl Friedrich Schinkel, 1816

und eines Bediensteten als Privatperson im eigenen Reisewagen auf und kam schon vor dem Kaiser am 28. September in Frankfurt an. Mozart konzertierte mehrfach in Frankfurt und Mainz, doch insgesamt wurde die Reise für ihn – abgesehen davon, dass er einige Bekannte in Frankfurt, Mannheim und München traf – wenig ertragreich. Um den 10. November herum traf Mozart wieder in Wien ein. Aus Frankfurt haben sich fünf Briefe Mozarts an Constanze erhalten. Die opulenten Krönungsfeierlichkeiten finden darin kaum Erwähnung. Im Postskriptum des Briefes vom 3. Oktober heißt es lapidar: »Morgen Montag ist der Einzug und über acht Tage die Krönung.« Und am 8. Oktober schreibt Mozart: »tschiri tschitschi – das beste ist zu fliehen. ... und dann, es ist alles Prallerey was man von den Reichsstädten macht. – berühmt, bewundert und beliebt bin ich hier gewis; übrigens sind die leute aber hier noch mehr Pfening=fuchser als in Wienn. ... übrigens bin ich froh wenn es vorbey ist.«

Mit seiner letzten Oper ›Die Zauberflöte‹ (Uraufführung am 30. September 1791 in Wien), die zu den populärsten und am häufigsten gespielten Werken der Opernliteratur gehört, ist Mozart die Vereinigung von größten Gegensätzen und scheinbaren Widersprüchen gelungen, so dass er bei aller Vielschichtigkeit des Werks eine Einheit geschaffen hat. Stofflich steht ›Die Zauberflöte‹ zwischen Singspiel, Wiener Volks- und Vorstadttheater, Kasperl- oder Zauberoper, Maschinenkomödie, Märchen, Mysterienspiel und religiösem Welttheater. Im Titel des Libretto-Erstdrucks wird sie schlicht ›große Oper‹, in Mozarts Werkverzeichnis explizit ›Teutsche Oper‹ genannt. Ihre musikalischen Stilebenen sind heterogen: Dem Singspiel entsprechen die Lieder Papagenos, der Opera buffa einige Ensembles, der Opera seria die Arien der Königin der Nacht und dem Oratorium die großen Priesterchöre. In der ›Zauberflöte‹ wird Phantastisches mit Realem, Ägyptisches mit Europäischem, Ernstes mit Humorvollem, Sakrales mit Weltlichem, hohe Kunst mit Unterhaltendem in einer später nicht mehr gekannten Selbstverständlichkeit verbunden. Trotz der vielfältigen musikalischen Mittel erhält die ›Zauberflöte‹ einen eigenen unverwechselbaren Ton, der unter anderem durch das spezielle Instrumentarium mit den ›Zauberinstrumenten‹ Flöte und Glockenspiel, aber auch mit Bassetthörnern, Posaunen, gedämpften Trompeten und Pauken hervorgerufen wird. ›Die Zauberflöte‹ ist die einzige Oper Mozarts, die nicht für ein Hoftheater, sondern für eine Vorstadtbühne, das von Emanuel Schikaneder 1789 übernommene Freihaustheater auf der Wieden, entstand. Schikaneder war einer der einflussreichsten Allround-Theaterpraktiker: Er war nicht nur Theaterleiter, sondern auch Schauspieler, Tänzer, Sänger, Regisseur, Ausstattungskünstler, Komponist und Theaterdichter. Für Mozarts ›Zauberflöte‹ schrieb er das Libretto und war erster Darsteller des Papageno. Die Entstehungsgeschichte der ›Zauberflöte‹ kann nicht genau rekonstruiert werden. Mozart und Schikaneder kannten sich wohl schon seit 1780 aus ihrer gemeinsamen Salzburger Zeit. Fest steht, dass Schikaneder 1789 nach Wien kam, dass Mozart wahrscheinlich erst im Frühjahr 1791 mit der intensiven Kompositionsarbeit begann, diese aber durch die Arbeit an seiner Prager Festoper ›La clemenza di Tito‹ und die Prag-Reise im August/ September 1791 unterbrechen musste. Wann Mozart und Schikaneder die Möglichkeit einer Zusammenarbeit erwogen haben, wann sie sich allgemein mit dem Stoff für die ›Zauberflöte‹ beschäftigten oder Mozart genau mit der Komposition begann, bleibt unklar. Selbst die Erfolgsgeschichte der ›Zauberflöte‹ ist von Gegensätzlichkeiten geprägt. Konnte sie bei ihrer Uraufführung nur recht mäßigen Erfolg verzeichnen, so stiegen die Aufführungszahlen schon bald danach, auch außerhalb Wiens, überdurchschnittlich an. Wurde die Qualität des Stücks immer wieder angezweifelt, vor allem wegen der im Einzelnen unstimmigen Handlungsführung und einiger ungeschickter Verse Schikaneders, so bemühten sich verschiedene Dichter, unter ihnen Goethe, um eine Fortsetzung der Oper.

Mozart vermerkte die ›Teutsche Oper‹ auf der letzten Seite seines eigenhändigen ›Verzeichnüß aller meiner Werke‹, das am 9. Februar 1784 mit dem Eintrag des Klavierkonzerts in Es-Dur (KV 449) beginnt. Auf der letzten Seite stehen neben der ›Zauberflöte‹ auch die Oper ›La Clemenza di Tito‹, als eigene Notiz der Priestermarsch und die Ouvertüre der ›Zauberflöte‹ sowie das Klarinettenkonzert in A-Dur (KV 622) und die Freimaurerkantate ›Laut verkünde unsere

Freude‹ (KV 623) eingetragen. Die Einträge wurden an unterschiedlichen Tagen und mit unterschiedlich dicken Federn vorgenommen. Es hat Mozart sichtlich Freude bereitet, das Verzeichnis – gleichsam als Bilanz seines Schaffens – zu führen. Er ging bei der chronologischen Ordnung ohne Pedanterie, aber auch nicht völlig systemlos vor. Obwohl es für ihn eher persönliche Notizen waren, fällt der Eintrag von ›La Clemenza di Tito‹ graphisch auf. Die Festoper wird in einem prätentiös ausgestalteten Schriftbild in lateinischen Buchstaben festgehalten, was nicht nur Mozarts Freude an der äußeren Form zeigt, sondern auch eine inhaltliche Entsprechung hat: Die kaiserliche Krönungsoper erhält einen geradezu kaiserlichen Eintrag – nicht in Mozarts mittlerweile sehr klein gewordener Privatschrift, sondern in einer beinahe offiziellen Kanzleischrift. Die kleine Freimaurerkantate ist Mozarts letzte vollendete Komposition. Mozart dirigierte sie am 18. November 1791 anlässlich der Einweihung des neuen Tempels der Loge ›Zur neugekrönten Hoffnung‹. Es war sein letzter öffentlicher Auftritt. Zwei Tage später wurde er ernstlich krank. Es gehört zweifellos zu den Mysterien, dass gerade eine Totenmesse zu Mozarts letzten Kompositionen zählt, dass diese Totenmesse seine einzige Vertonung eines Requiems ist, dass er sie nicht vollendete und dass der Auftraggeber des Requiems anonym blieb. Doch wurde Mozart, als er in der Nacht vom 4. auf den 5. Dezember 1791 kurz vor seinem sechsunddreißigsten Geburtstag starb, mitten aus dem Leben gerissen, und so sind auch seine letzten Kompositionen keineswegs als ›Alterswerke‹ anzusehen – im Gegenteil: 1791 war für Mozart ein äußerst schaffensreiches und erfolgreiches Jahr. Legenden ranken sich bis heute um die Todesursache und sein Begräbnis. Mozart war von Kindheit an oft krank. Er litt an Knotenrose, Blattern und Gelenkrheumatismus, war oft erkältet und klagte als Erwachsener immer wieder über Kopf- und Zahnschmerzen. Der bei seinem Tod anwesende Arzt diagnostizierte als Todesursache ›hitziges Frieselfieber‹. Was nach damaligem medizinischem Kenntnisstand darunter zu verstehen war, konnten auch die weit über hundert Veröffentlichungen zu Mozarts Krankheit und Tod nicht restlos klären. Die einen sprechen von Nierenversagen oder Herzwasser-

Mozarts ›Verzeichnüß aller meiner Werke‹, die letzten Eintragungen, Juli 1791 bis 15. November 1791, Blatt 28 verso

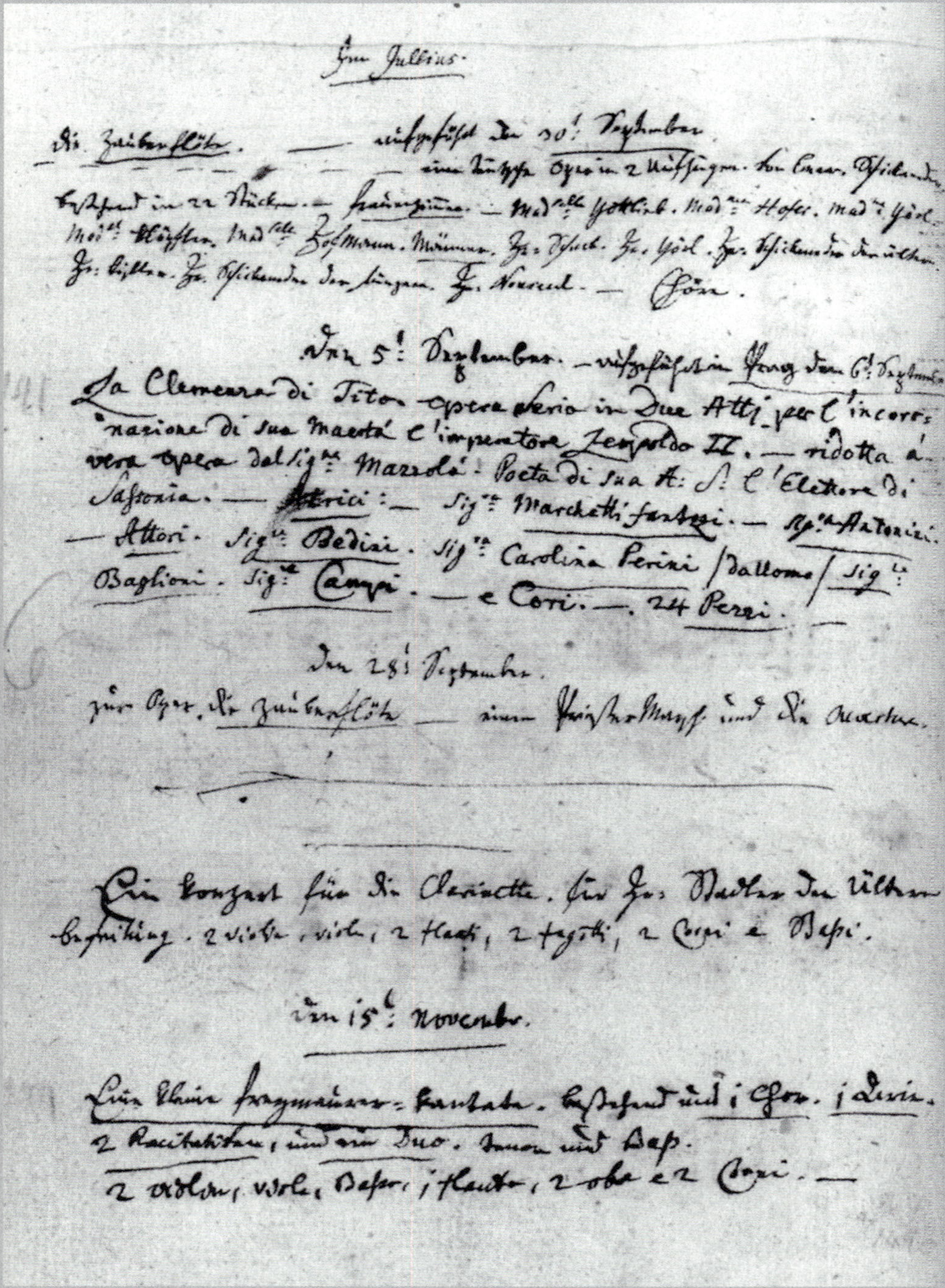

Im Jullius.

Die Zauberflöte. — aufgeführt den 30t. September
— — — — — eine teutsche Oper in 2 Aufzügen. von Eman. Schickaneder.
bestehend in 22 Stücken. — Sängerinen. — Mad:selle Gottlieb. Mad:me Hofer. Mad:e Gerl.
Mad:e Klöpfer. Mad:selle Hofmann. Männer. Hr: Schack. Hr: Gerl. Hr: Schickaneder der ältere.
Hr: Kistler. Hr: Schickaneder der Jüngere. Hr: Nouseul. — Chöre.

den 5t: September. — aufgeführt in Prag den 6t: September

La Clemenza di Tito opera seria in Due Atti per l'incoro-
nazione di sua Maestà l'imperatore Leopoldo II. — ridotta à
vera opera dal sig:re Mazzolà. Poeta di sua A: S: l'Elettore di
Sassonia. — Attrici: — Sig:ra Marchetti Fantozzi. — Sig:ra Antonini.
— Attori. Sig:r Bedini. Sig:ra Carolina Perini (da uomo) Sig:r
Baglioni. Sig:r Campi. — e Cori. — 24 Pezzi.

den 28t: September.
zur Oper. die Zauberflöte — einen Priester Marsch und die Ouverture.

Ein Konzert für die Clarinette. für Hr. Stadler den Ältern.
begleitung. 2 violini, viole, 2 flauti, 2 fagotti, 2 Corni e Bassi.

den 15t: November.

Eine kleine freymaurer-Kantate. bestehend aus 1 Chor. 1 Aria.
2 Recitativen, und ein Duo. Tenor und Baß.
2 violini, viole, Basso, 1 flauto, 2 oboe e 2 Corni. —

sucht, die anderen von rheumatischem Fieber oder von Herzversagen, das durch eine Staphylokokken- oder Streptokokken-Infektion verursacht wurde. Sicherlich war Mozart durch die damals übliche Heilmethode des Aderlasses sowie durch die Verabreichung von schweißtreibenden und Brechmitteln stark geschwächt. Neben allen medizinischen Hypothesen hielten sich über die Jahre auch hartnäckig die Gerüchte, Salieri habe Mozart vergiftet oder ein Freimaurer habe ihn umgebracht. Unausrottbar scheint auch das Gerücht, Mozart sei in einem Armengrab verscharrt worden und seine hartherzigen Freunde und Verwandten hätten ihm infolge des schlechten Wetters das letzte Geleit verwehrt. Historische Fakten relativieren diese Vermutung. Nach der neuen Begräbnisordnung, die Joseph II. im Zuge seiner Reformen herausgebracht hatte, waren die Friedhöfe innerhalb der Ortschaften geschlossen und neue Friedhöfe vor die Tore der Stadt verlegt worden. Außerdem sollte eine Bestattung möglichst schlicht gehalten werden. Mehrfach zu belegende Schachtgräber waren keine Seltenheit, Einzelgräber dagegen eher die Ausnahme. Gedenksteine waren nur an der Friedhofsmauer zugelassen. Mozarts Leichnam wurde wahrscheinlich am 7. Dezember nachmittags in der Kreuzkapelle des Stephansdoms eingesegnet. Erst am Abend nach 18 Uhr durfte er dann auf den etwa viereinhalb Kilometer entfernt gelegenen Friedhof St. Marx in der Vorstadt Landstraße überführt werden. Die eigentliche Beerdigung hat vermutlich erst am Tag darauf stattgefunden. Dass der Tote nicht bis zum Grab begleitet wurde, war keineswegs unüblich. Die Kosten für die Beerdigung weisen darauf hin, dass Mozart im eigenen Sarg bestattet wurde und nicht, wie bei einfachen Begräbnissen damals üblich, in einem Sack im wiederbenutzbaren Sarg zum Grab gebracht wurde.

Wenn man das Grab nicht kennt,
in dem er Ruh' erworben, wen,
Freunde, ängstet das?
Ist er doch nicht gestorben.

Franz Grillparzer sah in der Anonymität von Mozarts Grabstätte ein Zeichen für die Unsterblichkeit des Komponisten. In seinem Gedicht ›Mozart‹ heißt es 1841: »Wenn man das Grab nicht kennt, in dem er Ruh' erworben, wen, Freunde, ängstet das? Ist er doch nicht gestorben.«

Mozarts Kinder Carl Thomas und Franz Xaver,

Ölgemälde von Hans Hansen, Wien um 1798

Mozart hinterließ die Söhne Carl Thomas und Franz Xaver, der eine sieben Jahre, der andere noch nicht einmal fünf Monate alt. Joseph Haydn, der sich gerade auf seiner ersten England-Reise befand und größte Erfolge in London feierte, schrieb im Januar 1792 tief erschüttert an Mozarts Freund und Logenbruder Michael Puchberg: »Ich war über seinen Tod eine geraume Zeit ganz außer mir und konnte es nicht glauben, daß die Vorsicht so schnell einen unersetzlichen Mann in die andere Welt fordern sollte. Nur allein bedaure ich, daß er nicht zuvor die noch dunklen Engländer darin hat überzeugen können, wovon ich denselben täglich predigte. ... Sie werden, bester Freund, die Güte haben, mir das Verzeichnis der noch nicht hier bekannten Stücke mitzuschicken, ich werde mir alle erdenkliche Mühe geben, solche der Witwe zum Besten zu befördern. Ich hatte der Armen vor drei Wochen selbst geschrieben mit dem Inhalt, daß, wenn ihr Herzenssohn die gehörigen Jahre haben wird, ich denselben unentgeltlich die Komposition mit allen meinen Kräften lehren will, um die Stelle des Vaters einigermaßen zu ersetzen.« Constanze übergab die Erziehung des älteren Sohnes jedoch dem Prager Freund Franz Xaver Niemetschek, der 1798 auch eine erste kurze Biografie Mozarts veröffentlichte. Carl Thomas absolvierte eine Kaufmannslehre in Livorno. Auf Empfehlung Haydns studierte er darauf am Mailänder Konservatorium Musik, brach aber – nach erfolgreichen Anfängen – das Studium ab, gab die Musikerlaufbahn auf und trat in den Staatsdienst ein. Er starb unverheiratet in Mailand und hinterließ keine Kinder. Auch Franz Xaver begann im Alter von sieben Jahren mit dem Klavierunterricht bei Niemetschek. Er studierte später unter anderem bei Johann Nepomuk Hummel, Antonio Salieri, Georg Joseph Vogler und Georg Albrechtsberger Musik, wurde zunächst Haus- und Musiklehrer in Lemberg und lebte nach 1813 freischaffend als Musiker. Franz Xaver wurde ein anerkannter Komponist und Pianist und nannte sich später ›W. A. Mozart (Sohn)‹. Anlässlich der Enthüllung des Mozart-Denkmals in Salzburg 1842, bei der auch sein Bruder anwesend war, spielte er das d-Moll-Klavierkonzert (KV 466) seines Vaters. Er starb 1844 unverheiratet in Karlsbad.

Sowohl Nannerl als auch Constanze bemühten sich sehr um die Biografik Mozarts sowie um die Verwaltung seines Nachlasses und die Drucklegung seiner Werke. Eine umfangreiche Korrespondenz mit Verlegern – allen voran Breitkopf & Härtel – ist erhalten. Die in St. Gilgen lebende Schwester gab Auskünfte über Mozarts Kindheit, die Grundlage wurden für die erste Mozart-Biografie von Niemetschek. Nach dem Tod ihres Mannes Johann Baptist Reichsfreiherr Berchtold von Sonnenburg hatte Nannerl dank seines Erbteils eine gesicherte Existenz und zog zurück nach Salzburg. Sie starb 1829 im Alter von achtundsiebzig Jahren. Nannerl hatte drei Kinder: Leopold Alois Pantaleon, Johanna und Marie Babette.

Constanze lebte seit 1793 mit dem als Legationssekretär nach Wien versetzten dänischen Diplomaten Georg Nikolaus Nissen zusammen, den sie 1809 in Preßburg heiratete. Ein Jahr später übersiedelte das Paar nach Kopenhagen und ließ sich 1820 endgültig in Salzburg nieder. Nissen war auch literarisch tätig, sein Hauptwerk wurde die erste umfassende, über 700 Seiten starke Biografie Mozarts. Nissen konnte das Werk nicht vollenden, so dass Constanze den Abschluss der Arbeit dem Mediziner Johann Heinrich Feuerstein anvertraute. Das Buch erschien schließlich 1828 bei Breitkopf & Härtel in Leipzig unter dem Titel ›Biographie W. A. Mozart's. Nach Originalbriefen, Sammlungen alles über ihn Geschriebenen, mit vielen neuen Beylagen, Steindrücken, Musikblättern und einem Facsimile. – Von Georg Nikolaus von Nissen. – Mit einem Vorworte vom Dr. Feuerstein in Pirna‹. Die ›verwittwete Etatsräthin Constance von Nissen, gewesene Wittwe Mozart‹ gab es heraus. Durch eine dänische Witwenpension versorgt, lebte Constanze bis zu ihrem Tod 1842 in Salzburg. Obwohl Nannerl und Constanze etwa neun Jahre lang zeitgleich in Salzburg lebten, ist über einen näheren Kontakt der beiden Frauen nichts überliefert.

Constanze Mozart, geb. Weber, Ölgemälde von Hans Hansen, Wien 1802

Maria Anna Freifrau Berchtold zu Sonnenburg (Nannerl Mozart), anonymes Ölbild um 1800

MUSIK

Die Liste der erfolgreichen Komponisten, die als Zeitgenossen Mozarts in Wien gelebt und gewirkt haben, ist lang. Antonio Salieri gilt als einer der bedeutendsten Opernkomponisten seiner Zeit und feierte große Erfolge nicht nur in Wien und Italien, sondern auch an der Pariser Oper des späten Ancien Régime. Nach einer Musikausbildung in seiner Heimatstadt Legnano und in Venedig folgte er 1766 Florian Gaßmann nach Wien, um bei ihm zu studieren. Salieri pflegte unter anderem Kontakte zu Metastasio und Gluck. 1774 wurde er Hofkomponist und Leiter der italienischen Oper und übernahm 1788 die Stelle als Hofkapellmeister in Wien. Nach dem Tod Josephs II. verlor Salieri seine einflussreiche Stellung am Hof und trat nun als Pädagoge hervor. Zu seinen über siebzig Kompositionsschülern zählten Ludwig van Beethoven und Franz Schubert, aber auch Mozarts jüngster Sohn Franz Xaver, der Mozart-Schüler Franz Xaver Süßmayr sowie Franz Liszt und Simon Sechter. 1823 fiel der hoch angesehene Komponist und Dirigent Salieri in geistige Umnachtung und bezichtigte sich, Mozart vergiftet zu haben. Dieser durch nichts belegte, doch bis heute nicht verstummte Verdacht wurde vor allem durch die 1832 erschienenen dramatischen Szenen ›Mozart und Salieri‹ von Alexander Puschkin geschürt, die Nikolaj Rimskij-Korsakow 1898 vertonte. Im 20. Jahrhundert waren es das Theaterstück ›Amadeus‹ von Peter Shaffer und die gleichnamige Verfilmung von Miloš Forman, welche die Legenden um Salieri weitertrugen.

Mozarts Verhältnis zu Salieri war gleichermaßen durch Kollegialität wie durch Konkurrenz bestimmt. Als Mozart im Mai 1783 hoffte, von dem Librettisten Lorenzo Da Ponte ein Opernbuch zu bekommen, schätzte er seine Chancen, sich gegen den einflussreichen Kollegen durchsetzen zu können, schlecht ein. Am 7. Mai schrieb er seinem Vater: »wir haben hier einen gewissen abate da Ponte als Poeten. – dieser ... muß per obligo ein ganz Neues büchel für dem Salieri machen. ... – ist er mit Salieri verstanden, so bekomme ich mein lebtage

Antonio Salieri, Ölgemälde von

Joseph Willibrod Mähler

Giovanni Paisiello, Ölgemälde von

Elisabeth Vigée-Lebrun

keins.« Mozarts Befürchtungen sollten sich als unbegründet erweisen, denn er erhielt bekanntlich von Da Ponte drei seiner besten Libretti. Als Kaiser Joseph II. anlässlich eines Lustfestes in Schönbrunn ein deutsches Singspiel und eine italienische Opera buffa in Wettstreit treten lassen wollte, erteilte er Mozart und Johann Gottlieb Stephanie, der schon das Libretto zu ›Die Entführung aus dem Serail‹ geschrieben hatte, sowie Antonio Salieri und seinem Librettisten Giambattista Casti den Auftrag. Mozarts deutsches Singspiel ›Der Schauspieldirektor‹ war als Satire auf den zerrütteten Theater- und Opernbetrieb gedacht, während die Opera buffa von Salieri und Casti ›Prima la musica e poi le parole‹ den Librettisten Lorenzo Da Ponte karikierte. Da Ponte hatte gerade sein erstes Textbuch für Mozart beendet und sich mit Salieri überworfen. Da Joseph II. ohnehin die italienische Oper der deutschen vorzog, trug die Opera buffa den Sieg davon. Uneingeschränkte gegenseitige Wertschätzung prägte das Verhältnis zwischen Mozart und Giovanni Paisiello, allerdings war Paisiello im Gegensatz zu Salieri auch kein dauerhafter Konkurrent in Wien. Paisiello gilt neben Cimarosa als der bedeutendste und einflussreichste Opernkomponist des späten 18. Jahrhunderts. Leopold und Wolfgang hatten ihn schon auf ihrer ersten Italien-Reise im Frühsommer 1770 in Neapel kennen gelernt. Paisiello wirkte zunächst hauptsächlich in Italien, ging 1776 auf Einladung der Zarin Katharina II. von Russland als Musiklehrer nach St. Petersburg und kam 1784 – auf der Heimreise nach Neapel – durch Wien. Hier besuchte er auf einer Privatakademie ein Konzert Mozarts, der mit seiner Schülerin Babette Ployer das Klavierkonzert KV 449, das Klavierquintett KV 452 und die Sonate für zwei Klaviere KV 448=375a spielte. Mozart schrieb seinem Vater (12. Juni 1784): »Morgen wird bey H: Agenten Ployer zu döbling auf dem Lande Academie seyn, wo die frl: Babette ihr Neues Concert ex g – ich das Quintett – und wir beyde dann die grosse Sonate auf 2 Clavier spiellen werden. – ich werde den Paesello mit dem Wagen abhollen, um ihm meine Composition und meine schüllerin hören zu lassen.« Auf Auftrag Josephs II. schrieb Paisiello in kürzester Zeit eine Oper nach Voltaires ›Candide‹. Das ›dramma comico‹ mit dem Titel ›Il Re Teodoro in Venezia‹ wurde am 23. August 1784 in Wien uraufgeführt und ist eines der erfolgreichsten Werke Paisiellos. Mozart wohnte der Aufführung bei. Obwohl Paisiello mit 300 Dukaten eine weit über dem Durchschnitt liegende Bezahlung erhielt, äußerte sich Mozart nicht neidisch über den Kollegen.

Zeitgenossen Mozarts in Wien

Giuseppe Bonno [1711–1788]
Christoph Willibald Gluck [1714–1787]
Niccolò Jommelli [1714–1774]
Georg Christoph Wagenseil [1715–1777]
Georg Matthias Monn [1717–1759]
Pasquale Anfossi [1727–1799]
Tommaso Traetta [1727–1779]
Florian Leopold Gaßmann [1729–1774]
Giuseppe Sarti [1729–1802]
Franz Joseph Haydn [1732–1809]
Carlos d'Ordonez [1734–1786]
Leopold Hofmann [1738–1793]
Karl Ditters von Dittersdorf [1739–1799]
Johann Baptist Vanhal [1739–1813]
Giovanni Paisiello [1740–1816]
Giuseppe Gazzaniga [1743–1818]
Ignaz Umlauf [1746–1796]
Leopold Kozeluch [1747–1818]
Domenico Cimarosa [1749–1801]
Antonio Salieri [1750–1825]
Ferdinand Kauer [1751–1831]
Muzio Clementi [1752–1832]
Martín y Soler [1754–1806]
Peter Winter [1754–1825]
Vincenzo Righini [1756–1812]
Paul Wranitzky [1756–1808]
Wenzel Müller [1767–1835]
Franz Xaver Süßmayr [1766–1803]
Joseph Weigl [1766–1846]

Streichquartette zählten zu den Gattungen, die Joseph Haydn nicht im Auftrag seines Fürsten Nikolaus Esterházy komponierte, da sie nicht der fürstlichen Repräsentation im Rahmen großer Konzerte dienen konnten. Aufgeführt von Musikern und Musikliebhabern vor einer eher kleinen Zuhörerschaft, dienten sie vor allem dem privaten Vergnügen. Haydn gilt als der Schöpfer des Streichquartetts und hat die Entwicklung dieser Gattung entscheidend geprägt. Achtundsechzig Streichquartette entstammen seiner Feder, die meisten in Serie als Sechsergruppe konzipiert und veröffentlicht. Einen ersten Höhepunkt bilden die sechs ›Sonnenquartette‹ op. 20 (1772).
Eine Besonderheit der Quartette liegt darin, dass Haydn dem Schlusssatz Bedeutung beimisst, während bei einem viersätzigen Werk – sei es Sinfonie, Sonate

Mozart: Sechs Streichquartette, Joseph Haydn gewidmet, Erstausgabe der Stimmen, Titelblatt

oder Streichquartett – üblicherweise der Kopfsatz ein besonderes kompositorisches Gewicht hat. In seinem op. 20 tritt der Schlusssatz dem Kopfsatz ebenbürtig gegenüber. Drei der Quartette op. 20 enden sogar mit einer Fuge. Nach einer fast zehnjährigen Schaffenspause schrieb Haydn 1781 die sechs Quartette op. 33 für den Verleger Artaria in Wien, der sie im April 1782 veröffentlichte. Nur einen Monat später gab sie auch Johann Nepomuk Hummel in Berlin heraus. Um seine Finanzen aufzubessern, hatte Haydn noch vor der Drucklegung Musikliebhabern und Mäzenen Abschriften der Quartette zum Kauf angeboten. In dem begleitenden Pränumerationsbrief heißt es: »Euer Hochwürden und Gnaden, als Hohen Gönner und Kenner der Ton Kunst, nehme die freyheit, meine gantz neu verfertigte à quadro à 2. violin, viola, et violoncello concertante, auf praenumeration für 6. Ducaten correct geschriebener, unterthänig anzuerbieten: sie sind auf eine gantz neu Besondere Art, denn zeit 10 Jahren habe Keine geschrieben.« Die neuen Quartette wurden bereits mit Spannung erwartet. Haydns werbende Worte weisen auf einen Stilwandel, eine neue Art des Komponierens hin. Die Forschung untersuchte später eingehend, worin diese »gantz neu Besondere Art« besteht, und erkannte ein durchdachtes, ausgefeilt kompositorisches Prinzip der motivisch-thematischen Arbeit und die klassische Reife dieser Quartette. Man verwies auf bedeutende kulturelle Werke, die zur selben Zeit dem Publikum vorgestellt wurden, so Kants Schrift ›Kritik der reinen Vernunft‹ 1781 und Mozarts Oper ›Die Entführung aus dem Serail‹ 1782, und legte mit Haydns Streichquartetten op. 33 den Beginn der Klassik fest. Die Quartette schaffen in scheinbar müheloser Weise eine Verbindung von ›galantem‹ und ›gelehrtem‹ Stil. Höchste musikalische Komplexität tritt hier neben Einfaches, Populäres, gar Humoristisches. Haydn gelingt die Synthese aus streng durchdachter Konstruktion einerseits und spielerischer, geradezu musikantischer Leichtigkeit und Freiheit andererseits.

Die Zahl der Komponisten, die Haydn als Vorbild und das Streichquartett als höchste Gattung ansahen und sich mit eigenen Streichquartetten auf ihn beriefen, war schon zu Lebzeiten Haydns unüberschaubar groß. Die bedeutendste

musikalische Huldigung erhielt Haydn aber durch Mozart. Dieser hatte sich schon 1773 mit seinen Quartetten an Haydns frühe Quartette angelehnt. Nachdem Mozart nun Haydns op. 33 kennen gelernt hatte, schrieb er – ebenfalls nach zehnjähriger Quartett-Pause und tief beeindruckt von Haydns Werk – sechs weitere Quartette und widmete diese, versehen mit einem langen Dankesbrief, Joseph Haydn. Die so genannten ›Haydnquartette‹ Mozarts erschienen 1785 bei Artaria. In dem Widmungsbrief kommt neben großer Verehrung eine beinahe devot anmutende Bescheidenheit Mozarts zum Ausdruck, obgleich er der einzige Zeitgenosse ist, dessen Werke auf gleichem Niveau und in ähnlicher Weise Maßstäbe setzten und die Gattung prägten. Mozart schrieb dreiundzwanzig Streichquartette, daneben auch Streichquintette, Divertimenti für Streicher, Duos für Violine und Viola sowie Adagios und Fugen für Streichquartett und für Streichtrio.
Im Frühjahr 1785 besuchte Haydn Mozart in dessen Wohnung in Wien, wo er die ihm gewidmeten Quartette hörte. Haydn lernte dort auch Leopold Mozart kennen, der am 16. Februar 1785 an seine Tochter nach Salzburg schrieb: »am Samstag war abends H: Joseph Haydn und die 2 Baron Tindi bey uns, es wurden die neuen quartetten gemacht, aber nur die 3 neuen die er zu den anderen 3, die wir haben, gemacht hat, sie sind zwar ein bischen leichter, aber vortrefflich componiert: H: Haydn sagte mir: ich sage ihnen vor gott, als ein ehrlicher Mann, ihr Sohn ist der größte Componist, den ich von Person und den Nahmen nach kenne: er hat geschmack, und über das die größte Compositionswissenschaft.« Freundschaftlich, hochachtungsvoll waren die beiden Komponisten einander zugetan. Haydn hörte im Mai 1788 Mozarts ›Don Giovanni‹ in Wien. Im Juli 1789 erhielt Haydn in Eszterháza die Partitur von Mozarts ›Le nozze di Figaro‹. Er plante, die Oper dort aufzuführen. Auf Einladung Mozarts war er am 31. Dezember 1789 bei einer Probe zu Mozarts ›Così fan tutte‹ in Wien zugegen. Anfang 1790 besuchte Haydn eine Aufführung von Mozarts ›Le nozze di Figaro‹ und kam im Januar zur Uraufführung von ›Così fan tutte‹. Neben der Oper scheint das Streichquartett eine besondere Rolle in der Beziehung zwischen Haydn und Mozart gespielt zu haben.

Mozarts Widmung der sechs Quartette an Joseph Haydn,

Übersetzung aus dem Italienischen

Meinem geliebten Freunde Haydn

Ein Vater, der sich entschlossen hat, seine Kinder in die große Welt zu schicken, will sie natürlich der Obhut und Führung eines hochberühmten Mannes anvertrauen, noch dazu wenn das Glück es will, dass dieser sein bester Freund ist. Berühmter Mann und teuerster Freund, hier sind also meine sechs Kinder! Sie sind wahrhaftig die Frucht langer und mühevoller Arbeit, aber einige Freunde machten mir Hoffnung, sie werde eines Tages wenigstens zum Teil belohnt werden, was mir Mut und Trost gab, dass mir diese Werke eines Tages noch Genugtuung bringen würden. Du selbst, liebster Freund, warst es, der bei seinem letzten Besuch in unserer Hauptstadt seine Zufriedenheit mit ihnen bezeugte. Vor allem dein Beifall hat mich mit Zuversicht erfüllt, und darum empfehle ich dir auch meine Kinder in der Hoffnung, dass sie sich deiner Gunst als nicht ganz unwürdig erweisen werden. Nimm sie gnädig auf, sei ihnen Vater, Beschützer und Freund! Von diesem Moment an will ich meine Rechte auf sie an dich abtreten. Zusätzlich bitte ich dich aber, Nachsicht mir ihren Fehlern und Schwächen zu haben, die dem getrübten Auge des Vaters vielleicht verborgen geblieben sind. Bewahre mir dessen ungeachtet deine großzügige Freundschaft, die ich sehr zu schätzen weiß. Von ganzem Herzen

Dein aufrichtigster Freund

W. A. Mozart

Dem teuersten Freunde

Wien, am 1. September 1785

Pietro Metastasio, kolorierter Kupferstich von Johann Mansfeld d. Ä., nach einem Gemälde von Johann Nepomuk Steiner, 1776

Johann Adolf Hasse, kolorierter Kupferstich von Friedrich Kauke, 1783 nach einem Gemälde von Pietro Antonio Rotari

Die ernste italienische Oper, die so genannte Opera seria, war die wichtigste Operngattung im 18. Jahrhundert, Pietro Metastasio ihr berühmtester Librettist. Nach ihm wurde die Opera seria zwischen 1723 und 1760 auch ›metastasianische Oper‹ genannt. Seine knapp dreißig Seria-Libretti wurden von über dreihundert Komponisten vertont, allein ›Ataserse‹ fast neunzig Mal. Der gebürtige Hamburger Johann Adolf Hasse war der erfolgreichste und für die italienische Oper wichtigste dieser Komponisten. Die Opera seria trat in den zwanziger Jahren von Neapel aus ihren Siegeszug in ganz Europa an. Sie wurde an allen Höfen zwischen Rom, Wien, Dresden, London und St. Petersburg gespielt. Einzig in Paris gab es eine eigene Opernform. Die Konkurrenz zwischen diesen beiden Opernformen löste im 18. Jahrhundert Kontroversen aus. Ging es zunächst um die Frage nach der Vorherrschaft von italienischer oder französischer Oper, so kam später auch noch der Streit um die Vorherrschaft von ernster oder komischer Oper hinzu.

In den dreißiger und vierziger Jahren des 18. Jahrhunderts kam es – hervorgerufen durch die Opern Jean-Philippe Rameaus – zu der ›Querelle des Lullistes et Ramistes‹. Die Vertreter der traditionellen französischen Oper, der Tragédie en musique Jean-Baptiste Lullys, warfen Rameau vor, sich in seinen Opern zu sehr dem italienischen Geschmack anzudienen und musikalisch zu kompliziert zu sein. Er genüge mit seinen Kompositionen nicht der in Paris herrschenden ästhetischen Vorstellung, die die Priorität des Dramas und die einfache Nachahmung der Natur forderte. In den fünfziger Jahren kam es zu einer zweiten hitzigen Debatte, dem so genannten Buffonistenstreit: Auslöser war das heitere Intermezzo ›La serva padrona‹ von Giovanni Battista Pergolesi, das 1733 in Neapel uraufgeführt worden war. ›La serva padrona‹ war ein Schlüsselwerk für die Entwicklung der komischen italienischen Oper, der Opera buffa, und wurde zum Vorbild für die komische französische Oper, die Opéra comique. 1746 fand die erste Aufführung des Werks in Paris statt, seine zweite Aufführung am 1. August 1752 löste den erwähnten Streit aus. Die Verfechter der ernsten französischen Oper waren nach wie vor in ›Lullistes‹ und ›Ramistes‹ gespalten, während sich die Mitglieder der progressiven Partei, die Buffonisten, für die komische italienische Oper aussprachen. Zu ihnen gehörten unter anderen Denis Diderot, Jean le Rond d'Alembert, Jean-Jacques Rousseau und Friedrich Melchior Grimm. Sie hielten die französische Sprache grundsätzlich als für die Musik ungeeignet, kritisierten den überladenen französischen Orchestersatz und die komplizierte französische Musiksprache. Ihr Votum für die italienische Oper galt besonders der buffonesken Gattung. Die Argumente waren widersprüchlich. Lehnte man die italienische Musikidiomatik im ersten Streit noch als zu kompliziert ab, so wurde nun gerade ihre Einfachheit und Natürlichkeit als besonders positiv hervorgehoben. Die Kontroversen nahmen auch politische Dimensionen an, denn die konservativen, meist aristokratischen Verfechter der französischen Musik galten als Vertreter absolutistischer Machtstrukturen, während die Buffonisten mit republikanischen, antimonarchistischen und atheistischen Tendenzen in Verbindung gebracht wurden.

Der Opernreformator Christoph Willibald Gluck schrieb sowohl italienischsprachige als auch französischsprachige Opern und bediente hauptsächlich drei verschiedene Gattungen: die Opera seria, die Opéra comique und die Tragédie lyrique. Glucks Reformen zielten auf eine Synthese von italienischer und französischer Musik. Die Tragédie lyrique nahm ihren Stoff meistens aus der Mythologie, ihr wichtigstes musikalisches Gestaltungsmittel war das Rezitativ. Die Opera seria dagegen verwendete meist heroisch-historische Themen, ihr wichtigstes musikalisches Gestaltungsmittel war die Arie. Gluck versuchte nun die Opera seria zu reformieren, indem er sich an Elemente der Tragédie lyrique anlehnte und gerade die dramatische Funktion des Rezitativs betonte. Seine erste Reformoper ›Alceste‹ kam 1767 in Wien als italienische ›Tragedia‹ heraus und wurde 1776 in einer französischen Bearbeitung als Tragédie lyrique in Paris gegeben. Mittlerweile schienen die Franzosen Geschmack an der Kontroverse um die Vorrangstellung von italienischer oder französischer Musik gefunden zu haben, denn sie engagierten – um den Streit zu schüren – zum Jahreswechsel 1776/77 bewusst den berühmtesten italienischen Opernkomponisten Niccolò

Piccini, der mit seiner 1760 in Rom uraufgeführten Opera buffa ›La buona figliuola‹ weltweit Erfolge feierte. Ein neuer Streit brach aus, die ›Querelle des Gluckistes et Piccinistes‹. Man ereiferte sich entweder für die eher italienisch geprägte Arienmelodik Piccinis, die der Musik breiteren Raum gab, oder für die eher freie ariose französisch geprägte Melodik Glucks, bei der die Sprache im Vordergrund stand. Die Kontroverse ging weniger von den Komponisten selbst aus als vielmehr von den Anhängern der jeweiligen Partei. Obwohl Gluck eine Zwischenstellung innehatte, weil er einerseits durch seine Reformtendenzen gegen die französischen Traditionalisten und andererseits durch seine Vermittlungsversuche von Opera seria und französischer Oper zugleich auch gegen die italienischen Buffonisten in Paris stand, beeinflusste er den musikalischen Geschmack in Frankreich nachhaltig.
Mozart, der sich von März bis September 1778 in Paris aufhielt, wollte sich als Komponist keiner Partei zuwenden und mischte sich nicht in die Auseinandersetzungen ein, was ihm besonders sein Protektor Grimm – Mitglied der italienischen Fraktion – verübelte. Mozart pflegte einen guten Kontakt sowohl zu Piccini, den er schon 1770 in Mailand kennen gelernt hatte, als auch zu Gluck. Obwohl Mozart die französische Musik ablehnte, an scharfen Worten gegen sie nicht sparte und auch mit der französischen Sprache haderte, hätte er selbst eine französische Oper geschrieben, wenn es sich ergeben hätte – freilich in seiner eigenen Art. Am 31. 7. 1778 schreibt er: »ich versichere daß wenn ich eine opera zu schreiben bekomme, mir gar nicht bang ist – die sprache hat der Teüfel gemacht das ist wahr – und ich sehe all die schwürigkeiten die alle Compositeurs gefunden haben, gänzlich ein – aber ohngeacht dessen fühle ich mich imstande diese schwürigkeit so gut als alle andern zu übersteigen.« Doch dazu ist es nie gekommen. Es gibt lediglich zwei französische Arietten von Mozart: ›Oiseaux, si tous les ans‹ und ›Dans un bois solitaire‹ – beide sind wahrscheinlich vor seiner Zeit in Paris entstanden.
Da Frauen in der katholischen Kirche keine Gesangsrollen übernehmen durften, wurden in der geistlichen mehrstimmigen Vokalmusik zunächst die Diskant-

stimmen von Knaben oder fistulierenden Männern – den so genannten Falsettisten – gesungen. Etwa ab 1600 übernahmen Kastraten den Gesangspart der Falsettisten. Zentrum des Kastratengesangs war die päpstliche Kapelle in Rom. Dort war der letzte Kastrat Alessandro Moreschi noch im frühen 20. Jahrhundert tätig. Die meisten Kastraten sangen in Kirchenchören, einige traten jedoch auch in der Oper des 17. und 18. Jahrhunderts auf – mit großem Erfolg. Sie übernahmen nicht nur die Männerrollen und verkörperten als ›Primo uomo‹ die Helden und Liebhaber, sondern verdrängten oftmals auch Sängerinnen aus der herausragenden Rolle der ›Prima donna‹. Diese Sängerinnen hatten dann kleinere Männerrollen als so genannte ›Hosenrollen‹ inne. So war auf der Opernbühne oft eine doppelte Travestie zu erleben.

Die Kastraten wurden zu den Hauptrepräsentanten der italienischen Opera seria. Eine helle Knabenstimme auch im Erwachsenenalter und ein weit ausgedehntes Brustregister zeichneten die Sänger aus. Ferner bildete sich der Brustkorb bei Kastraten besonders stark aus, was eine ungewöhnliche Atemführung ermöglichte. London, wo zwischen 1720 und 1741 legendäre Kastraten wie Nicolò Grimaldi, genannt Nicolini, Francesco Bernardi, genannt Senesino, Giovanni Carestini und Gaetano Majorano, genannt Caffarelli, in Händels großen Opern brilliert hatten, war ein wichtiger Anziehungspunkt für Kastraten. Dort lernte Mozart im November 1765 auf der großen Europa-Reise der Familie die berühmten Soprankastraten Giovanni Manzuoli und Ferdinando Tenducci kennen. Manzuoli erteilte Mozart sogar kostenlosen Gesangsunterricht und wirkte 1771 bei der Uraufführung von Mozarts Oper ›Ascanio in Alba‹ mit. Ende 1772 übernahm der Kastrat Venanzio Rauzzini eine Rolle in Mozarts ›Lucio Silla‹, worauf dieser für ihn die Motette ›Exsultate, jubilate‹ (KV 165=158a) komponierte, die am 17. Januar 1773 in der Mailänder Theatinerkirche uraufgeführt wurde. Obwohl die eigentliche Domäne der Kastraten die Opera seria war, platzierte Mozart auch in seiner heiteren Oper ›La finta giardiniera‹ (1774/75) eine Kastratenrolle. Etwa ab der Mitte des 18. Jahrhunderts sank die Zahl der Kastraten rapide. Deshalb ging Mozart davon aus, dass die Partie des Sesto in seiner letz-

Farinelli. Karikatur,
anonyme Federzeichnung

Carlo Broschi, genannt Farinelli,
Stich nach einem Gemälde von
Jacopo Amigoni, 1735

Farinelli in einer Frauenrolle.
Federzeichnung von
Pier Leone Ghezzi, 1724

Mozarts Clavichord

Mozarts Konzertflügel von

Anton Walter, Wien um 1780

Mozarts Konzertgeige, Mittenwald,

erste Hälfte des 18. Jahrhunderts

ten Opera seria ›La clemenza di Tito‹ (1791) ein Tenor übernehmen würde, doch das Theater in Prag konnte für die Rolle noch einen Kastraten engagieren. So wurde Sesto bei der Uraufführung von Domenico Bedini gesungen, Sestos Freund Annio dagegen von der Sopranistin Carolina Perini in einer ›Hosenrolle‹. Auch dem bis heute bekanntesten aller Kastraten, Carlo Broschi, genannt Farinelli, war Mozart begegnet. Farinelli, der schon vor seinem zehnten Lebensjahr mit der Gesangsausbildung begonnen hatte, debütierte 1720 in Neapel, feierte Triumphe in allen bedeutenden europäischen Zentren und trat 1737 letztmalig auf der Bühne auf. Es folgten zwei Jahrzehnte im Dienst des spanischen Königs. Versorgt mit einer stattlichen Pension wurde er 1759 aus dem Hofdienst entlassen und verbrachte seine letzten Lebensjahre auf einem Landsitz bei Bologna, wo ihn Mozart im März 1770 kennen lernte. Obwohl die Kastraten wegen ihres merkwürdigen äußeren Erscheinungsbildes immer wieder Ziel von Spott und Karikatur waren, ging gerade von Farinelli eine besondere Faszination aus – bis heute. Belege dafür sind etwa die Novelle ›Carlo Broschi‹ von Eugène Scribe (1839), die Oper ›La Part du Diable‹ von Daniel François Esprit Auber (1843, ebenfalls nach einem Libretto von Scribe), der Spielfilm ›Farinelli‹ von Gérard Corbiaus (1995) oder die Belcanto-Oper ›Farinelli oder die Macht des Gesanges‹ von Siegfried Matthus (1998).

Im 17. und 18. Jahrhundert wurden sowohl der Geigenbau als auch der Klavierbau entscheidend weiterentwickelt. Eine Änderung der Spieltechnik, des Klangideals und der Kompositionsweise ging damit einher. Ein Zentrum des Geigenbaus war zunächst das norditalienische Brescia (1520–1620), später dann Cremona. Hier lebten verschiedene Instrumentenmacherfamilien wie die Amatis und die Guarneris. Viele der von ihnen entwickelten Richtlinien, beispielsweise eine Korpuslänge von 35,5 Zentimetern, sind noch heute maßgeblich. An der Spielweise der Akkorde jedoch wird ein Unterschied zwischen damaligen und heutigen Instrumenten anschaulich. Auf modernen Geigen müssen Akkorde stets als Arpeggio, also nacheinander erklingende Töne gespielt werden, während sie auf historischen Instrumenten sehr viel leichter auszuführen waren. Die

Darmsaiten einer Barockgeige hatten mehr Elastizität als die modernen Stahlsaiten, und auch der Geigenbogen war anders gebaut. Er war nicht konkav, sondern konvex gekrümmt, seine Haare waren sehr straff gespannt und hatten einen größeren Abstand zur Stange, so dass die Spielweise eines Barockbogens insgesamt flexibler war. Dies ermöglichte ein sehr viel leichteres Akkordspiel. Mit den heutigen Geigen kann man dafür einen weittragenden Ton spielen. Im 18. Jahrhundert benutzte man selbstverständlich keinen Kinnhalter, den erst Louis Spohr 1841 einführte, und keine Schulterstütze, die erst im 20. Jahrhundert entwickelt wurde. Man behalf sich höchstens mit einem Kissen.

Der Begriff ›Clavier‹, der von dem lateinischen Wort für Taste kommt, war bis ins 18. Jahrhundert allgemein ein Sammelbegriff für Tasteninstrumente – von der Orgel über das Cembalo, Spinett, Virginal, Clavichord bis hin zum Hammerklavier. Neuerungen für das Klavierspiel im 18. Jahrhundert resultierten zum einen aus der veränderten Stimmung der Instrumente, aber auch aus der Weiterentwicklung des Instrumentenbaus. In der so genannten ›reinen Stimmung‹, die auf mathematisch einfachen Zahlenverhältnissen beruht, konnte nur in wenigen Tonarten komponiert werden. Die im 16. und 17. Jahrhundert gebräuchliche ›mitteltönige Stimmung‹, in der manche Intervalle reiner gestimmt waren als andere, ermöglichte es, in mehreren Tonarten zu komponieren, doch klangen aufgrund der unterschiedlichen Schwingungsverhältnisse bestimmter Intervalle nicht alle Tonarten gleich gut. Einige Intervalle und somit einige Tonarten mussten geradezu vermieden werden. Im Laufe des 18. Jahrhunderts setzte sich schließlich die ›gleichmäßig-temperierte Stimmung‹ durch, in der die Intervalle so gestimmt wurden, dass keine Tonart mehr völlig unbrauchbar war, der eigene Charakter einer jeden Tonart allerdings verloren ging. Johann Sebastian Bach benannte mit dem Titel seiner zweiteiligen Präludien- und Fugensammlung ›Das Wohltemperierte Clavier‹ dieses musikalisch-mathematische Problem seiner Zeit.

Das kleine Clavichord ist mit seiner Tangentenmechanik ein Vorläufer des Hammerklaviers. Auf Tastendruck berührt beim Clavichord eine Tangente die Saite, teilt sie und bringt das abgeteilte Ende zum Schwingen. Das andere Ende wird

durch einen Filzstreifen gedämpft. Der Klang ist zwar nicht so voll, aber viel modulationsfähiger als bei Cembalo, Virginal und Spinett, die eine Zupfmechanik haben. Beim Hammerklavier erfolgt die Tonerzeugung, indem auf Tastendruck ein Hämmerchen gegen die Saite geschlagen wird. Die wichtigste Neuerung dieser Mechanik war, dass sie ein dynamisches Spiel ermöglichte, worauf die historische Bezeichnung ›gravicembalo pian e forte‹ ebenso wie die noch heute üblichen Namen ›Pianoforte‹ oder ›Fortepiano‹ ausdrücklich hinweisen. Das Hammerklavier wurde 1709 von Cristofori in Florenz entwickelt.
Mozart besaß eine Mittenwalder Geige und ein Reiseclavichord von Johann Andreas Stein aus Augsburg. Sein Hammerklavier war aus der Werkstatt von Anton Walter aus Wien. Im Zuge seiner Anstellung als fürstbischöflicher Konzertmeister in Salzburg komponierte Mozart 1775 fünf Violinkonzerte. Möglicherweise hat er sie für den eigenen Gebrauch geschrieben, vielleicht aber auch für den Konzertmeister der Hofkapelle Antonio Brunetti. Sie sind zwar nicht überdurchschnittlich virtuos, musikalisch aber höchst anspruchsvoll. In frühen Jahren hatte Mozart gleichermaßen als Violine wie Klavier spielendes Wunderkind brilliert, später dagegen trat er nicht mehr öffentlich als Geiger auf. So entstanden viele seiner zweiunddreißig Violinsonaten für bekannte Geigerinnen und Geiger, die Mozart auf dem Klavier begleitete. Die Violinsonaten durchziehen annähernd sein gesamtes Schaffen – die erste entstand 1762, die letzte 1788 – und spiegeln die stilistische Entwicklung von der violinbegleiteten Klaviersonate zur klavierbegleiteten Violinsonate wider. Seine zwischen 1773 und 1791 vollendeten einundzwanzig Klavierkonzerte schrieb Mozart ausschließlich für den eigenen Gebrauch. Mit ihnen wollte er sich als brillanter Klavierspieler beweisen und öffentliche Anerkennung erlangen. Die Klavierkonzerte sind kompositorisch die bedeutendsten seiner Werke. Die achtzehn Klaviersonaten dagegen haben – ähnlich wie die Violinsonaten – eher den intimen Charakter von Gelegenheitskompositionen für den privaten Gebrauch, sind aber trotz ihrer geringeren Virtuosität keinesfalls schlichte, leicht fassliche Kompositionen. Die erste Sonate in C-Dur entstand 1775, die letzte in D-Dur 1789.

LITERATUR UND THEATER

Im 18. Jahrhundert wurden die Grundlagen für das moderne Musiktheater, Sprechtheater und Tanztheater geschaffen. In der Oper war Gluck der bedeutende Reformator. Eine wichtige Rolle für die Schauspielreform spielte Gotthold Ephraim Lessing, der mit ›Miss Sara Sampson‹ (1755) das bürgerliche Trauerspiel begründete, eine Form, die erstmals Helden mit bürgerlichen Moralvorstellungen ein tragisches Schicksal zugestand und sie nicht mehr auf typenhafte Komödienrollen beschränkte. In seinem 1766 vollendeten Lustspiel ›Minna von Barnhelm‹ gelang es ihm, die Typenkomödie durch die Charakterkomödie zu ersetzen. Lessing kehrte sich mit seinen Trauer- und Lustspielen von dem französischen Vorbild ab und zeigte in Anlehnung an Shakespeare ›mittlere Helden‹, sowohl was ihren Charakter als auch ihre Herkunft betraf. Sein Ziel war es, den Zuschauer durch Mitgefühl zu einer moralischen Person zu erziehen. Lessing wurde einer der maßgeblichsten Dichter der Aufklärung, der Humanität und Toleranz sowie des emanzipierten Bürgertums. Außerdem war er Wegbereiter der Klassik und der deutschen Nationalliteratur. Zu einer persönlichen Bekanntschaft Mozarts mit dem Dichter kam es nicht.

Im Bereich des Balletts war Jean Georges Noverre der wichtigste Reformator. Der gebürtige Pariser wurde im Alter von siebzehn Jahren als Tänzer an die Königliche Oper in Berlin engagiert. Es folgten Stationen in Dresden, Marseille und Straßburg. Ab 1751 widmete er sich seiner Karriere als Choreograph und ging nach Lyon. Er feierte Erfolge in Frankreich, England, am Hof Karl Eugens in Stuttgart und am Burg- und Kärntnertortheater in Wien. Das bekannteste Reformballett Noverres, ›Medea und Jason‹, entstand 1763. Von 1776 bis 1781 war er Ballettmeister an der Pariser ›Académie Royale de Musique‹. Nach einem Engagement in London beendete Noverre 1795 seine Bühnenlaufbahn und zog sich nach St-Germain-en-Laye zurück.

Jean Georges Noverre, Pastell
von Jean-Baptiste Perronneau

Salomon Geßner, Schriften, 4 Bände,
Zürich 1762, Titel des ersten Bandes

Die Ballettästhetik des 18. Jahrhunderts war noch stark vom französischen Hofballett geprägt, das seine Glanzzeit unter Ludwig XIV. hatte. Der Beiname ›Sonnenkönig‹ bezieht sich auf eine Rolle, die der König in einem Ballett tanzte. Im 18. Jahrhundert war die Bewegungsfreiheit der Tänzer noch sehr eingeschränkt, da sie hochhackige Schuhe trugen und mit Masken, Perücken und opulentem Kopfschmuck ausstaffiert waren. Die Männer trugen einen knielangen Reifrock, den so genannten ›Tonnelet‹, die Frauen seitlich aufwändig drapierte Reifröcke. Erst seit dem späten 17. Jahrhundert war es Frauen erlaubt, auf der Bühne zu tanzen. Als die Tänzerin Marie Sallé aus London es erstmals wagte, auf den barocken Reifrock mit Korsett und Schnürkleid zu verzichten, und stattdessen in einer leichten griechischen Tunika mit offenem Haar auftrat, kam es zu einem Skandal. Marie Camargo trat in Paris erstmals mit gekürztem Rock und in absatzlosen Schuhen auf, um ihre Sprungkraft zu zeigen. Noverres Neuerungen des Bühnentanzes gehen in die gleiche Richtung wie die an der Aufklärung orientierte Dramenästhetik Lessings. Noverres Ziel war das ›Ballet d'action‹: Ausdruck und Bewegungsabläufe sollten sich aus der barocken Starrheit lösen und möglichst einfach und natürlich sein. Bestanden die französischen Hofballette meist nur aus einzelnen Tanzszenen, so drängte Noverre darauf, dem Ballett eine stringente Handlung mit klar erkennbarem Thema zu geben. Noverre legte den Grundstein zur Anerkennung des Tanzes als selbständige Kunstgattung. Mit seinen Ideen, die er 1760 in den ›Lettres sur la danse, et sur les ballets‹ veröffentlichte, beeinflusste er alle nachfolgenden Choreographen.

Zu den Komponisten, die für Noverre Ballette schrieben, zählen Joseph Starzer, Franz Aspelmayr, Jommelli, Paisiello, Gluck und Mozart. Es ist möglich, dass Mozart Noverre schon 1767 kennen gelernt hat, ein Zusammentreffen im Sommer 1773 in Wien ist belegt. Während Mozarts Paris-Aufenthalt 1778 kam es zur Zusammenarbeit. Mozart schrieb dem Vater am 5. April 1778: »Ich werde nicht einen Act zu einer opera machen, sondern eine opera, ganz von mir, en deux acts. mit den Ersten Act ist der Poet schon fertig. der Noverre | bey dem ich speiss so oft ich will, | hat es übersich genommen, und die iddè dazu gegeben.

ich glaube es wird Allexandre und Roxane werden. Mad:me jenomè ist auch hier.« Madame ›jenomè‹ war Noverres Tochter Victoire Jenamy. Für sie schrieb Mozart sein Klavierkonzert Es-Dur (KV 271), nicht wie bislang angenommen für eine ›Mademoiselle Jeunehomme‹. Schließlich komponierte Mozart als »ein freündstück für Noverre« (Brief vom 9. Juli 1778) die Ouvertüre und sieben der insgesamt zwanzig Nummern zu dessen anakreontischem Schäferballett ›Les Petits riens‹. Die Protagonistin war die legendäre Marie-Madelaine Guimard, eine der bedeutendsten Tänzerinnen des späten 18. Jahrhunderts. Drei weitere Werke Mozarts für Ballett sind Fragment geblieben. Zu seiner Oper ›Idomeneo‹ schrieb Mozart eine eigene Ballettmusik (KV 367). In seinen anderen Opern dagegen kommen lediglich vereinzelt Tänze vor.

Die Familie Mozart hatte den bekannten Dichter und Maler Salomon Geßner schon im Herbst 1766 – auf der Rückfahrt von der großen Europa-Reise – in Zürich kennen gelernt. Dort »machten die zween gelehrten Hh: Gessner unsern aufenthalt sehr angenehm, und unserem Abschied sehr betrübt. Wir haben die Merckmahle ihrer Freundschaft mit uns genommen.« (Leopold an Hagenauer, 10. November 1766). Salomon Geßner war Kupferstecher, Landschafts- und Porzellanmaler sowie Verleger. Seine Bilder – meist Gouachen und Aquarelle in zarten Pastelltönen – beschworen ein paradiesisches Naturzeitalter herauf und zeigten Ideallandschaften mit mythologischen Figuren. 1751 begann Geßner mit seiner literarischen Tätigkeit. Seine ›Idyllen‹, eine von eigener Hand illustrierte, in rhythmischer Prosa verfasste Pastoraldichtung, machten ihn berühmt. Geßner vermachte den Mozarts seine gesammelten Schriften sowie die Schriften seines Freundes Christoph Martin Wieland. In einer Widmung gab Geßner seiner Freundschaft und seiner Bewunderung für die Kinder Ausdruck: »Nehmen sie, wertheste Freunde! diß Geschenk mit der Freundschaft auf, mit der ichs ihnen gebe; möcht es würdig seyn, mein Andenken beständig bey ihnen zu unterhalten! Genießen sie, verehrungswürdige Eltern, noch lange die besten Früchte der Erziehung, in dem Glüke ihrer Kinder: sie seyen so glücklich, so außerordentlich ihre Verdienste sind. In der zartesten Jugend sind sie, die Ehre der Nation und die Bewundrung der Welt. Glükliche Eltern! glükliche Kinder! Vergeßen sie alle nie den Freund, deßen Hochachtung und Liebe für Euch, sein ganzes Leben durch so lebhaft seyn werden, wie heute.«

Regelmäßige Lektüre war für die Kinder Mozart eine Selbstverständlichkeit. Von einem Treffen im Hause Cannabich berichtete Wolfgang am 20. Dezember 1777 aus Mannheim: »dort bleibe ich beym nacht essen, dann wird discurirt – – oder bisweilen gespiellt, da ziehe ich aber allzeit ein buch aus meiner tasche, und lese – – wie ich es zu salzburg zu machen pflegte.« Oder schrieb der Einundzwanzigjährige hier nur, was der Vater gerne hören wollte? 1777/78 traf Mozart in Mannheim Wieland auch persönlich, und die Briefe aus dieser Zeit belegen, dass Vater und Sohn die Schriften des Dichters mit Begeisterung gelesen haben. Johann Wolfgang Goethe wird in den Briefen Mozarts nicht erwähnt, doch vertonte Mozart mit seinem Lied ›Das Veilchen‹ (KV 476) ein Gedicht des Weimarer Klassikers.

Einen Eindruck von dem breiten literarischen Horizont Mozarts gibt die recht heterogene Ansammlung an Büchern, die sich in seinem Nachlass befinden.

Mozarts Interesse am Theater beschränkte sich nicht auf die Oper. Aufmerksam verfolgte er auch die neuen Entwicklungen im Schauspiel. So wurde im 18. Jahrhundert die Frage, welche Aufgabe der Musik im Schauspiel zufallen könne, lebhaft diskutiert – zuerst von Johann Adolf Scheibe in der von ihm herausgegebenen Wochenzeitschrift ›Der Critische Musicus‹, 1767 dann von Lessing im 26. und 27. Stück seiner ›Hamburgischen Dramaturgie‹. Lessing griff die Ideen Scheibes auf und entwickelte daraus neue dramaturgische Regeln: »Da das Orchester bei unsern Schauspielen gewissermaßen die Stelle der alten Chöre vertritt, so haben Kenner schon längst gewünscht, daß die Musik, welche vor und zwischen und nach dem Stücke gespielt wird, mit dem Inhalte desselben mehr übereinstimmen möchte. Herr Scheibe ist unter den Musicis derjenige, welcher zuerst hier ein ganz neus Feld für die Kunst bemerkte. Da er einsahe, daß, wenn die Rührung des Zuschauers nicht auf eine unangenehme Art geschwächt und unterbrochen werden sollte, ein jedes Schauspiel seine eigene musikalische Begleitung erfordere.« (26. Stück, Den 28. Julius 1767). Mozart schrieb 1777 und 1779/80 Chöre und Zwischenaktmusiken zu dem historischen Drama ›Thamos, König in Ägypten‹ von Tobias Philipp von Gebler. Doch seine Beiträge zur Schauspielmusik sind ebenso wie seine Beiträge zum Ballett vereinzelt geblieben.

Von der Theatergattung des Melodrams, ein mit Musik untermaltes Sprechstück, das im 18. Jahrhundert entstanden und hochaktuell war, zeigte sich Mozart begeistert. Die Gattung geht zurück auf ›Pygmalion‹, eine Scène lyrique von Jean-Jacques Rousseau, und wurde besonders im deutschsprachigen Raum beliebt. An den Vater schrieb Mozart am 12. November 1778 aus Mannheim: »ich habe damals hier ein solch stück 2 mahl mit den grösten vergnügen aufführen gesehen! – in der that – mich hat noch niemal etwas so surprenirt! … – bisweilen wird auch unter der Musique gesprochen, welches aldsann die herrlichste wirckung thut … Nun stellen sie sich meine freüde vor, daß ich das, was ich mir gewunschen zu machen habe!« Ob Mozart seinen Plan nie umgesetzt hat oder ob die Komposition verloren ist, bleibt fraglich. In zwei seiner Werke lassen sich melodramatische Elemente nachweisen: in ›Thamos, König von Ägypten‹ sowie in dem Fragment gebliebenen Singspiel ›Zaide‹ von 1779/80, das einem Libretto von Johann Andreas Schachtner folgt.

Die im Nachlass Mozarts befindliche Ausgabe sämtlicher Lustspiele Molières bekam Mozart 1778 von Constanzes Vater Fridolin Weber als Geschenk. Molière, eigentlich Jean-Baptiste Poquelin, der große französische Komödiendichter des 17. Jahrhunderts, wirkte mit seinen sechsundzwanzig Komödien – unter ihnen auch ein Werk über den Don-Juan-Stoff – richtungsweisend für die Komödiendichtung des 18. Jahrhunderts. Molière prangerte in seinen Stücken die Missstände seiner Zeit an und zeigte sie zugleich als Folgen zeitloser typisch menschlicher Fehler. Neben Komödien schrieb er für die Feste am Hof Ludwigs XIV. auch mehrere ›Comédie-ballets‹, in denen die Dialoge mit Gesang und Tanzszenen durchsetzt sind. Die Wurzeln der Komödie reichen über die Farcen und Fastnachtspiele der Renaissance, an die Molière mit seinen frühen Stücken

anknüpft, zu den mittelalterlichen Darbietungen der Gaukler, der ›joculatores‹, zurück. Im Wien des 18. Jahrhunderts schuf der populäre Volksschauspieler Joseph Felix von Kurz die komische Figur ›Bernardon‹ und nannte sich nach ihr auch Kurz-Bernardon. Diese Figur stand in der Nachfolge des österreichischen ›Hanswurst‹, der wiederum ein Nachfahre des Harlekin aus der italienischen Commedia dell'arte war. Der deutsche Hanswurst wurde auf Betreiben Johann Christoph Gottscheds 1737 als zu leichtfertig und oberflächlich abgelehnt und von der Theaterprinzipalin Friederike Neuber demonstrativ der Bühne verwiesen. In Österreich erließ Kaiserin Maria Theresia 1752 ein Dekret, das vorsah, dass nur hohe Literatur im Theater gespielt werden durfte, nicht aber die ironisch-satirischen Improvisationen eines Kurz-Bernardon. Doch letztendlich setzte sich der ausgelassene Possenreißer Hanswurst im österreichischen Theater durch und eröffnete eine Tradition, die über Mozarts ›Papageno‹ bis zu den Wiener Volksstücken Ferdinand Raimunds und Johann Nepomuk Nestroys reicht.

bey einer opera muß schlechterdings die Poesie der Musick gehorsame Tochter seyn.

In der Frage, welche Theaterdichtung sich für die Oper eigne, hatte Mozart genaue Vorstellungen: »bey einer opera muß schlechterdings die Poesie der Musick gehorsame Tochter seyn. ... – verse sind wohl für die Musick das unentbehrlichste – aber Reime – des reimens wegen das schädlichste; – die herrn, die so Pedantisch zu werke gehen, werden immermit sammt der Musick zu grunde gehen. – da ist es am besten wenn ein guter komponist der das Theater versteht, und selbst etwas anzugeben im stande ist, und ein gescheider Poet, als ein wahrer Phönix, zusammen kommen.« (Brief aus Wien an den Vater, 13. Oktober 1781). Schon kurz nach der Uraufführung seines Singspiels ›Die Entführung aus dem Serail‹ (16. Juli 1782) suchte Mozart nach neuen Opernsujets. Zunächst plante er, eine weitere deutsche Oper nach der Komödie ›Il servitore di due Padroni‹ von Carlo Goldoni zu komponieren. Dann dachte er über eine italienische Oper nach.

verse sind wohl für die Musick das unentbehrlichste – aber Reime – des reimens wegen das schädlichste.

Porträt Molières, Druck aus
›Sämtliche Lustspiele‹, Hamburg 1752

Joseph Felix von Kurz, genannt Kurz-Bernardon,
Kupferstich von Ferdinand Landerer

»Nun hat die italienische opera Buffa alhier wider angefangen; und gefällt sehr. ... ich habe leicht 100 – Ja wohl mehr bücheln durchgesehen – allein – ich habe fast kein einziges gefunden mit welchem ich zufrieden seyn könnte; – wenigstens müsste da und dort vieles verändert werden. – und wenn sich schon ein dichter mit diesem abgeben will, so wird er vieleicht leichter ein ganz Neues machen. – und Neu – ist es halt doch immer besser«, schrieb er am 7. Mai 1783 an den Vater. Er hoffte Varesco, den Textdichter seiner Oper ›Idomeneo‹, für ein neues Vorhaben gewinnen zu können. Im selben Brief heißt es weiter: »so könnte er mir ein Neues buch auf 7 Personnen schreiben. ... das nothwendigste dabey aber ist. recht Comisch im ganzen. und wenn es dann möglich wäre 2 gleich gute frauenzimmer Rollen hinein zu bringen. – die eine müsste Seria, die andere aber Mezzo Carattere seyn – aber an güte – müssten beide Rollen ganz gleich seyn. – das dritte frauenzimmer kann aber ganz Buffa seyn, wie auch alle Männer wenn es nöthig ist.« Auch der Opernplan mit Varesco zerschlug sich. Doch zeigte Mozart hier bereits die detaillierte Vorstellung von einer Personenkonstellation, wie sie später in den drei Opernlibretti Lorenzo Da Pontes zum Tragen kam. Mozart bediente die gängigen Operngattungen des 18. Jahrhunderts – die traditionelle ›Opera seria‹, die moderne ›Opera buffa‹ sowie das neue deutsche ›Singspiel‹, auch ›Operette‹ genannt.

Theaterzettel der Opern ›Le nozze di Figaro‹ (1786)

und ›Così fan tutte‹ (1790)

Neues Singspiel.

Im kaiserl. königl. National - Hof - Theater
wird heute Montag den 1ten May 1786 aufgeführt:
(zum erstenmal)

LE NOZZE
DI FIGARO.

Die Hochzeit des Figaro.

Ein italiänisches Singspiel in vier Aufzügen.
Die Musik ist vom Herrn Kapellmeister Mozart.

Die Bücher sind italiänisch und deutsch jedes für 20 kr. beym Logenmeister zu haben.

Der Anfang ist um halb 7 Uhr.

Neues Singspiel.

Im kaiserl. königl. Nazional - Hoftheater
wird heute Dienstag den 26ten Jäner 1790 aufgeführt:
(zum erstenmal)

COSI FAN TUTTE,
O SIA:
LA SCOLA DEGLI AMANTI.

So machen sie's, oder: die Schule der Liebhaber.

Ein komisches Singspiel in zwey Aufzügen.
Die Poesie ist vom Hrn. Abbate da Ponte, Dichter des italiänischen Singspiels beym k. k. Hoftheater.
Die Musik ist vom Herrn Wolfgang Mozart, Kapellmeister in wirklichen Diensten Sr. Majestät des Kaisers.

Die Bücher sind bloß italiänisch beym Logenmeister für 24 kr. zu haben.

Es ist am verflossenen Sonntage in den k. k. Redoutensälen eine goldene Frauenzimmerdose verlohren worden, wer selbe gefunden, wird höflichst gebeten, sie gegen gute Rekompens an die theatralische Kasse zu überbringen.

Der Anfang ist um 7 Uhr.

REPRÄSENTATION IN ARCHITEKTUR, KUNST UND MODE

Architektur | Gegen Ende des 17. Jahrhunderts setzte unter den Residenzen des deutschsprachigen Raumes ein regelrechter Wettbewerb der barocken Architektur ein. Von den bedeutendsten Baumeistern seien genannt: Johann Bernhard Fischer von Erlach (1656–1723) und Johann Lukas von Hildebrandt (1668–1745) in Salzburg und Wien, aus der Familie Dientzenhofer vor allem Christoph (1655–1722) und sein Sohn Kilian Ignaz (1689–1751) in Prag, Andreas Schlüter (1660–1715) in Berlin, Matthäus Daniel Pöppelmann (1662–1736) und Georg Bähr (1666–1738) in Dresden. Die zahlreichen Veduten Bernardo Bellottos (1720–1780), der sich als Neffe und Schüler Canalettos auch Canaletto II. nannte, geben eine detailgetreue Anschauung der Baukunst in Wien, Dresden, Warschau und Florenz.

Wien glänzte als Hauptstadt des Habsburger Reiches mit seinen monumentalen barocken Bauwerken. Johann Lukas von Hildebrandt erbaute die beiden Schlösser Unteres Belvedere und Oberes Belvedere und gab der 1702 nach Plänen von Gabriele Montani begonnenen Peterskirche ihre endgültige Form. Der in Italien geschulte Baumeister Johann Bernhard Fischer von Erlach schuf mehrere bedeutende Stadtpaläste, entwarf die Pläne für die Karlskirche sowie für Hofburg, Reichskanzlei, Winterreitschule und Hofbibliothek, vor allem aber das Schloss Schönbrunn als Mittelpunkt der höfischen Repräsentation und des höfischen Lebens. Das architektonische Vorbild war – wie für die meisten europäischen Residenzbauten der Zeit – das 1661 unter Ludwig XIV. begonnene Schloss von Versailles. Doch der erste, mit Versailles konkurrierende Entwurf des Baumeisters musste einem deutlich reduzierten Plan weichen.

Das Schloss Schönbrunn gegen den Garten, 1782, Kupferstich und Radierung kombiniert von Carl Schütz

unten: Die Peterskirche in Wien, 1780, kolorierter Kupferstich und Radierung kombiniert von Carl Schütz

Das Hauskonzert, um 1780, Wiener Porzellanmanufaktur

Schloss Schönbrunn wurde auf einem Grundstück errichtet, dessen Geschichte bis ins Mittelalter zurückreicht. Ihren Namen erhielt die Anlage nach der Entdeckung eines schönen Brunnens durch Kaiser Matthias um 1615. Doch erst zu Beginn des 18. Jahrhunderts wurde die kaiserliche Sommerresidenz im Auftrag Josephs I. unter der Leitung von Fischer von Erlach erbaut. 1728 kam Schönbrunn in den Besitz Karls VI., der das Schloss schließlich seiner Tochter Maria Theresia schenkte. Unter ihrer Herrschaft wurde das Gebäude aufwändig umgebaut, was insofern bemerkenswert ist, als Maria Theresia auf der anderen Seite Geld für Kultur einsparte und etwa die finanziellen Mittel der Musikpflege an ihrem Hof reduzierte. Beispielsweise sank die Mitgliederzahl der Hofkapelle von einhundertvierunddreißig zur Zeit Karls VI. auf ungefähr zwanzig.
Aus dem ehemaligen Jagdschlösschen ihres Vaters ließ Maria Theresia ein prunkvolles Residenzschloss von gut einhundertachtzig Metern Länge errichten. Außen erhielt es seine Rokokoprägung durch die kleinteilig gegliederte, reich verzierte Fassade, innen durch prunkvoll ausgestattete, mit Stuck, Fresken und Spiegeln versehene Repräsentationsräume. Das Hauptmotiv der Rokokodekoration, das Ornament der ›Rocaille‹ (frz. ›Muschelwerk‹), das der Epoche auch ihren Namen gab, fand reichlich Verwendung. Schloss Schönbrunn wurde unter Maria Theresia zum Zentrum des höfisch-geselligen und politischen Lebens. Auch die Familie Mozart erhielt in den sechziger Jahren dort mehrfach Audienz beim Kaiserpaar. In der Orangerie von Schönbrunn fand im Februar 1786 der Opernwettstreit statt, bei dem Mozart mit ›Der Schauspieldirektor‹ und Salieri mit ›Prima la musica, poi le parole‹ gegeneinander antraten.

Kunst | Die Innenräume der repräsentativen Bauten waren neben kostbarem Mobiliar reich mit Kunst und Kunsthandwerk ausgestattet. Beispielhaft für die Zeit sind die Porzellanmanufaktur und die Porträtmalerei. Während die pathetisch-theatrale Barockkunst am stärksten in der Architektur zum Ausdruck kam, spiegelte sich das Formgefühl des eleganten Rokoko in der Kunst der Porzellanherstellung wider. Erst seit 1710 gelang es, Porzellan in Europa zu produzieren. August der Starke war es, der die Meißner Manufaktur gründete.

Ehrenfried Walther von Tschirnhaus hatte Ende des 17. Jahrhunderts Schmelzversuche mit großen Brennlinsen durchgeführt. 1706 stellte er zunächst rotes Steinzeug her und in seinem Todesjahr 1708 war er endlich erfolgreich mit der Produktion weißen Porzellans. Sein Gehilfe Johann Friedrich Böttger beerbte ihn in seiner Kunst und leitete die Meißner Porzellanmanufaktur, an der auch der Chinoiserienmaler Johann Gregor Höroldt und der Bildhauer und führende Porzellanmodelleur Johann Joachim Kändler beschäftigt waren.

1717 wurde auch in Wien eine Porzellanmanufaktur errichtet. Anton Grassi, ein Verwandter des Mozart-Porträtisten Joseph Grassi, arbeitete Ende des 18. Jahrhunderts dort als Modellmeister. In der Manufaktur wurden ebenso Gebrauchsgegenstände wie luxuriöse Kabinettstückchen hergestellt. Als Motive waren Personen, Personengruppen oder Tiere am beliebtesten. Dargestellt wurden meist Szenen aus dem Volksleben, Kinderszenen und vor allem Szenen aus der italienischen Commedia dell'arte. Auch Mozart schätzte die Porzellankunst. In seinem Nachlass fanden sich drei Figuren, eine Dose sowie sechzig Teile Geschirr aus Porzellan.

Auf dem Gebiet der Malerei erlebte die Porträtkunst im Barock einen enormen Aufschwung. Geschuldet war dies dem Repräsentationsbedürfnis der weltlichen und geistlichen Würdenträger. Man trug prunkvolle Gewänder, stellte aufwändige Draperien zur Schau und ließ sich in pathetischer Haltung in Öl malen. Dem Rokokogeschmack entsprach allerdings eher eine andere Maltechnik: Die im 15. Jahrhundert in Italien aufgekommene Pastellmalerei. Sie zeichnete sich durch kleinformatige Bilder in lichter Farbigkeit aus. Die eleganten Bildnisse der italienischen Porträtmalerin Rosalba Carriera wurden im Rokoko regelrecht Mode. Carriera war an fast allen europäischen Fürstenhöfen tätig und erhielt mehrere Auszeichnungen, bevor ein Augenleiden die Fortsetzung ihrer Arbeit verhinderte.

Der Schweizer Porträt- und Emailmaler Jean-Étienne Liotard, der fünf Jahre in Konstantinopel gelebt hatte, porträtierte die kaiserliche Familie und die gesamte Hofgesellschaft und sorgte mit seinem orientalischen Habitus für Aufsehen.

Seine Porträtkunst zeichnet sich weniger durch rokokoartige Verspieltheit aus als vielmehr durch einen klaren, beinahe analytisch-kühlen Blick auf seinen Gegenstand. 1759 entstand in Paris das Halbfigurbildnis der mit der Familie Mozart befreundeten Madame d'Épinay. Liotard stellt sie in vornehmer, aber nicht übermäßig reich ausstaffierter Kleidung dar. Sie sitzt keineswegs kerzengerade angespannt da, sondern in lässiger Körperhaltung und blickt kokett und nachdenklich. Die Mozarts kannten Madame d'Épinay schon seit ihrem ersten Aufenthalt in Paris 1763. Die gebildete, geistreiche Dame, mit vollem Namen Louise-Florence-Pétronille Tardieu d'Esclavelles, Marquise de la Live d'Épinay, hatte nach der Scheidung von ihrem Ehemann ab 1755 eine Liaison mit Melchior Grimm. Madame d'Épinay war selbst schriftstellerisch tätig und arbeitete regelmäßig an Grimms ›Correspondance littéraire‹ mit. Sie pflegte Kontakt mit Rousseau und Diderot, stand in Briefwechsel mit dem Moralisten Abbé Ferdinand Galiani und machte Voltaire 1766 auf Mozart aufmerksam.

Als 1778 Mozarts Mutter in Paris starb, nahm sie Mozart sogar in ihre Wohnung auf. Er war ihr anhänglich zugetan und schrieb am 11. September 1778 an seinen Vater: »wenn nicht die Mad:me d'Épinay wäre, wäre ich nicht im hause; und auf diese that darf er nicht so stolz seyn – denn ich hätte 4 häüser wo ich logirn könnte – und die Tafel hätte ...; die Mad:me d'Epinai aber hat ein bessers herz.«

Mode | Mozart erhielt zeit seines Lebens als Gegenleistung für seine Dienste mehr oder weniger kostbare Geschenke. Vor allem auf seinen Reisen bedachten ihn reiche Bürger ebenso wie Adelige und Monarchen immer wieder mit Gegenständen wie Uhren, Ringen oder Tabaksdosen. Ironisch schreibt er seinem Vater am 13. November 1777 aus Mannheim: »gestern habe ich mit Canabich zum H: intendant graf Savioli gehen müssen, ummein Praesent abzuholen. es war so wie ich es mir eingebildet habe. nichts in geld. eine schöne goldene uhr. mir wären aber ietzt 10 Carolin lieber gewesen, als die uhr, welche man mit ketten und Devisen auf 20 Carlin schäzet. auf der Reis braucht man geld. Nun habe ich mit dero erlaubniss 5 uhren. ich habe auch kräftig im sinn

Mozarts Tabakdose, 18. Jahrhundert, Schwarzes Bein mit einem goldenen Reifen, Miniatur mit nächtlicher Szene, gemalt auf Elfenbein unter Glas

Jean-Étienne Liotard: Bildnis der Madame d'Épinay, 1759, Pastell

Mozarts Knöpfe, Perlmutter, Glas

mir an jeder hosen noch ein uhrtäschl machen zu lassen, und wenn ich zu einem grossen herrn komme, beyde uhrn zu tragen | wie es ohnehin iezt Mode ist | damit nur keinem mehr einfällt mir eine uhr zu verehren.« Die meisten der Geschenke verkaufte Mozart oder verschenkte sie weiter. Er konnte sich jedoch für schöne und ausgefallene Kleidung begeistern. In einem Brief an Martha Elisabeth Baronin von Waldstätten (Wien, den 28. September 1782) schwärmt er: »wegen dem schönen rothen frok welcher mich ganz grausam im herzen kitzelt, bittete ich halt recht sehr mir recht sagen zu lassen wo man ihn bekommt, und wie theuer, denn daß hab ich ganz vergessen, weil ich nur die schönheit davon in betrachtung gezogen, und nicht den Preis. – denn so einen frok muß ich haben, damit es der Mühe werthe ist die knöpfe darauf zu setzen, mit welchen ich schon lange in meinen gedanken schwanger gehe; – ich habe sie einmal, als ich mir zu einem kleide knöpfe ausnahm, auf dem kohlmark in der Brandauischen knöpffabrique vis a vis dem Milano gesehen. – diese sind Perlmutter, auf der seite etwelche weisse Steine herum, und in der Mitte ein schöner gelber Stein. – Ich möchte alles haben was gut, ächt und schön ist! – woher kommt es doch, daß die, welche es nicht im Stande sind, alles auf so was verwenden möchten, und die, welche es im Stande wären, es nicht thun?«

Über Modefragen diskutierten nicht nur die Frauen in der Familie Mozart gern. Von der ersten großen Europa-Reise schreibt Leopold an seinen Freund Lorenz Hagenauer nach Salzburg: »Die Nannerl trägt zum spazieren gehen einen Englischen Hut, wie es in diesen gegenden bey Frauenzimmern mode ist. Wenn wir so zu Salzburg: durch die Strassen giengen, lieffe es alles zusamm, als wenn der Rhinoceros käme.« (20. August 1763). Der Englische Hut war aus weichem Material und hatte breite Krempen, auf dem Kontinent dagegen trug man damals Hauben. Ansonsten schien Leopold die englische Mode zunächst abzulehnen, denn es heißt im gleichen Brief weiter: »Die Taille von ihrer Kleidung ist so hoch bis unter die Achseln; und so dann hängt der Rock bis auf die helfte der Waden hinunter: und dazu kommen noch die alten engen Stiefel=Ermel; so, daß es abscheulich anzusehen ist. Und das ist wircklich ihre letzte mode.« Auf

seiner großen Bewerbungsreise, die er mit der Mutter angetreten hatte, bittet Mozart – knapp zweiundzwanzigjährig – den daheim gebliebenen Vater in Kleidungsfragen um Rat. Aus Mannheim schreibt er am 10. Januar 1778: »nachdeme ich ihren rath darüber gehört haben werde | werde ich der meinung und art meiner Reisen=Compagnons folgen, und mir wie sie, ein schwarz kleid machen lassen, und die gallonirten kleider, weil sie ohnehin in Paris nicht mehr Mode sind, für teütschland sparren. Erstlich ist es eine Menage | und das ist meine haubtabsicht auf meiner Pariser reise | und zweytens steht es gut, und ist Campagne und galla kleid zugleich. mit einen schwarzen rock kann man überall hingehen. ... ich bitte also, schreiben sie mir im nächsten brief ob ich es so machen soll.«

Auch die Mutter gibt ihrer Tochter aus Paris Modetipps. Am 14. Mai 1778 schreibt sie: »die Mode ist hier das man weder ohren geheng noch umm den hals was tragt auch keine gestainlete nadl in haar, nicht das mineste glänzete stainel weder gueth noch falsch, die frisur aber erstaunlich hoch, keinen herz doupee, sondern überall gleich hoch welches mehr als ein drittel elln aus trägt, her nach erst die hauben darauf die noch höcher ist als der duppe und Ruckwerths den zopf oder chenion weith ins genick hinunter, und auf der seythen mit villen boclen garniert, der doupee aber ist lautter Krep keine glate harr ... iezt weis die nanerl indessen genueg von der Mode.« Doch schon am 29. Mai erfährt Nannerl von ihrer Mutter noch mehr Details (Brief an Leopold): »etwas für die nanerl, sag ihr sie solle sich einen saubern Spazier stock anschaffen, dan hier ist es die greste Mode das alle frauen Zimmer |: ausgenommen die Mägde :| mit stäcken gehen in die Kirchen, in visiten, spaziern, wo sie nur hin gehen, auf der gassen versteht sich, nicht in wagen, keine gehet zu fueß ohne stock. weill es hier so schlipferich zu gehen ist, vor aus wan es gerengnet hat so hat sich ein frauenzimmer, vor einer Zeit den fues überäncket, da hat ein doctor gesagt, es wehre besser wan sich die weibsbilder der stöcke bedieneten, so ist es gleich Mode geworden.« Derlei Anregungen kamen bei Nannerl offenkundig sehr gut an, denn am 11. Juni 1778 schreibt Leopold an Frau und Sohn nach

Morgenspaziergang, Gemälde von

Thomas Gainsborough, 1785

Paris: »Die Nannerl will die Mode mit den Stöcken fürs Frauenzimmer künftigen Winter hier anfangen, weil es schlüpferig zu gehen ist, – die waderl sich im Winter nicht schicken, und das Frauenzimmer doch gewohnt ist immer etwas in Handen zu haben.«

Im 18. Jahrhundert dominierte zwar noch die höfische Mode, doch setzte sich die bürgerliche Mode von England ausgehend mehr und mehr in ganz Europa durch. Die höfische Mode in Barock und Rokoko wollte mit Perücke, Puder, Schminke, Schönheitspflästerchen oder Reifrock einen künstlichen Schein schaffen. Mit der Aufklärung wurden dagegen natürliche Formen in der Mode beliebter und nach und nach wurden sich höfische und bürgerliche Kleidung ähnlicher. Der Degen beispielsweise war zunächst ein dem Adel vorbehaltenes Accessoire. Später wurde er durch den Spazierstock abgelöst und hielt auch in bürgerliche Kreise Einzug. Degen wie Spazierstock waren selbstverständlich männliche Modeattribute. Im Laufe des 18. Jahrhunderts wurde aber auch die Frauenmode im Zuge der Aufklärung bürgerlicher und sogar männlicher, so dass nun selbst die Dame Spazierstock oder Stockschirm tragen konnte. Nannerls Absicht, in Salzburg einen Stock zu tragen, war also nicht nur hochaktuell, sondern auch ein politisches Zeichen.

Thomas Gainsborough hat auf seinem Bild ›Morgenspaziergang‹ ein Paar in der typischen englischen Mode abgebildet: Der Herr trägt zwar noch die aus dem Spätbarock überkommenen Schnallenschuhe, weiße Strümpfe, Kniehose, Weste und Jabot mit Halsbinde, aber nicht mehr den meist hellfarbigen, seidenen Justaucorps mit hohen weiten Ärmelaufschlägen, sondern einen dunklen Tuchfrack mit Kragen und engen langen Ärmeln. Auch den Dreispitz hat er gegen den runden schwarzen Bürgerhut eingetauscht. Er trägt keine Perücke, sondern sein natürliches Haar, das nach hinten wahrscheinlich zum Zopf gebunden ist. Auch die Dame verzichtet auf ein weit ausgeschnittenes Kleid mit dem umständlichen Reifrock und auf die unbequeme Rokokofrisur. Stattdessen trägt sie einen Hut mit breiter Krempe, der sie vor der Sonne schützt, und ein weich fließendes Kleid, dessen Rock nur durch ein kleines Polster (›Pad‹) unterfüttert ist.

Wegen dem schönen rothen frok welcher mich ganz grausam im herzen kitzelt, … so einen frok muß ich haben …

Ich möchte alles haben was gut, ächt und schön ist!

Vor allem für das Bürgertum war Kleidung im 18. Jahrhundert ein Zeichen sozialer Zugehörigkeit. Während der französischen Revolution wurde die Bekleidung gar zum Zeichen der politischen Gesinnung. So verwundert das lebhafte Interesse der Familie Mozart an Modefragen nicht. Es galt, gesellschaftlich verbindliche Normen einzuhalten, wobei natürlich die manuelle Fertigung der Kleidung Möglichkeiten bot, innerhalb dieser Normen individuell hervorzutreten. Die Mozarts waren aufgeschlossen für die aktuellen Strömungen der Zeit und hatten ein besonderes Gespür für die Gestaltung von kleinsten Details. Leopold und Wolfgang kamen dabei sicherlich die Farbenfreude und die prächtigen Materialien in der Männermode des 18. Jahrhunderts entgegen.

PORTRÄTS UND DENKMÄLER

Die bildnerische Auseinandersetzung mit Mozart stand im 18. Jahrhundert ganz im Zeichen des Porträts. Verschiedene Bildnisse, die in der Familienkorrespondenz Mozarts erwähnt werden, müssen als verschollen angesehen werden. Über zehn als authentisch verbürgte Mozart-Porträts sind aber erhalten. Trotz der großen Unterschiede weisen sie erstaunlich viele Konstanten auf. So lässt sich Mozart stets im Frack mit weißer Spitzenschleife darstellen. Die Bilder haben offiziellen Charakter, doch trägt Mozart nie eine Perücke. Sein Haaransatz ist in der Stirn nach unten gezogen, wodurch sich der charakteristische Schwung mit einer Spitze ergibt. Auf späten Bildern hat Mozart sehr lang gestreckte Mundwinkel. Die Falte von Nase zu Oberlippe scheint stark konturiert gewesen zu sein, denn alle Maler betonen eine tiefe Rinne. Das Kinn springt auf keinem der Porträts auffällig vor, doch hatte Mozart wohl eine Neigung zum Doppelkinn. Auffälligstes Merkmal seiner Augen sind die hervorstechenden Augäpfel und eine unterschiedliche Augengröße, das linke Auge ist kleiner als das rechte. Bei der Darstellung der Nase gibt es unter den Malern die auffälligsten Differenzen. So ist die Nase auf dem frühen ›Ritterbild‹ (1777, anonym) sehr undifferenziert und rund, sie wird erst auf den späteren Bildern kantiger dargestellt. Mozart muss eine relativ lange, fleischige, sich nach unten stark verbreiternde Nase gehabt haben, deren Rücken nicht gerade verlief, sondern eine Erhebung hatte. Das erste bedeutende Porträt Mozarts entstand auf seiner

Mozart in Verona,

Ölgemälde von Saverio dalla Rosa, 1770

Mozart als Ritter vom Goldenen Sporn,

anonymes Ölgemälde, 1777

Familienbild,
Ölgemälde von Johann Nepomuk della Croce,
1780/1781

ersten Italien-Reise, Anfang Januar 1770 in Verona. Es zeigt den jungen Komponisten kurz vor seinem vierzehnten Geburtstag. Pietro Lugiati, ein hoher Finanzbeamter, gab es bei dem nicht unbedeutenden Maler Saverio dalla Rosa in Auftrag. Mozarts blondes Haar ist leicht gepudert, auf dem Cembalo steht das aufgeschlagene Notenblatt des so genannten ›Veroneser Allegro‹ in G-Dur (KV 72a). Bis heute ist unklar, ob Mozart tatsächlich der Autor dieser Komposition ist. Die lateinische Inschrift auf dem originalen Rahmen lautet: »Als zwölfjähriger [sic!] Knabe hat Wolfgang Amadé Mozart aus Salzburg in der Musikkunst sowohl das Lob aller als auch die Achtung der Könige von Frankreich und England auf sich gezogen. Carlo Pietro Lugiati hat das Bild seines hohen Gastes in seinem Hause malen lassen Anno 1770.« Die Italien-Reise war überaus erfolgreich. Mozart wurde am 5. Juli 1770 durch Kardinal Pallavicini der Orden ›Ritter vom Goldenen Sporn‹ verliehen, am 8. Juli erhielt er eine Privataudienz bei Papst Clemens XIV., im Oktober wurde er in die ›Accademia filarmonica‹ in Bologna aufgenommen. Padre Martini, den Mozart in Italien kennen gelernt hatte, bat im Dezember 1776, also sechs Jahre später, um Porträts von Leopold und Wolfgang. Vermutlich in der Zeit von August bis September 1777, kurz vor der Abreise nach Mannheim und Paris, wurde Wolfgang von einem unbekannten Maler in Salzburg porträtiert. Das Bildnis zeigt Mozart mit dem päpstlichen Orden, einem goldenen Stern an einem rotseidenen Band. Sein Haar ist nach der damaligen Mode mit seitlichen Lockenrollen frisiert, den so genannten ›Ailes de pigeon‹, einem Überbleibsel der langlockigen Allongeperücke des Barock. Leopold ließ das Bild an Padre Martini nach Bologna schicken. Am 22. Dezember 1777 schrieb er ihm: »Ich zögerte bis jetzt, aus Mangel eines geschickten Malers, Ihnen damit aufzuwarten. Es fehlt nämlich ein solcher in unserer Stadt, und ich hoffte immer, es möchte ein geschickter Künstler hierher kommen, wie das manchmal geschieht. Somit zauderte ich von Zeit zu Zeit. Endlich aber war ich gezwungen, mich zu entschliessen, das Portrait von einem hiesigen Maler verfertigen zu lassen. ... Die Malerey hat wenig Werth, aber was die Aehnlichkeit betrifft, so versichere ich Sie, dass es ihm ganz und gar ähnlich sieht. ... In Rücksicht meines Porträts glaube ich nicht, dass mein Gesicht verdient, zu Männern von Talent gesellt zu werden; doch wenn Sie es verlangen, so werde ich trachten, Ihnen Genüge zu leisten, aber ohne dass ich mir ein anderes Verdienst beymässe, als dass ich meine Pflicht erfüllet, das Talent zu bilden, das der gütige Gott meinem Sohne gegeben hat.« Ebenfalls aus Salzburg stammt das Familienbild der Mozarts, entstanden zwischen Spätherbst 1780 und Anfang 1781. Leopold gab es bei dem Porträt- und Historienmaler Johann Nepomuk della Croce in Auftrag. Della Croce war ein Schüler Pietro Antonio Lorenzonis, der seinerseits vermutlich die Familie Mozart kannte, gilt er doch als der Maler der Kinderbilder von Nannerl und Wolfgang (1763) und des Porträts Leopolds (1765). Wolfgang ist vierundzwanzig Jahre alt, Nannerl neunundzwanzig und Leopold einundsechzig. Die Mutter war bereits 1778 gestorben. Ihr Bildnis hängt an der Wand. Alle drei tragen französische Spätrokokokleidung – die Herren einen Frac à la française, eine dem englischen Frack angepasste Form des Justaucorps mit Stehkragen, leicht bogiger Vorderkante und engen, bis zum Handgelenk verlängerten Ärmeln mit einem engen, handbreiten Aufschlag. Nannerl trägt ein höfisches Reifrockkleid und hat eine für das Spätrokoko typische aufwändige Hochfrisur. Die Familienmitglieder haben dem Maler nicht gleichzeitig Modell gesessen, Nannerl wurde Ende Dezember 1780 gemalt, Leopold vermutlich erst im März 1781, was einige Ungenauigkeiten in der malerischen Ausführung erklärt. Beispielsweise sind Nannerls linker Unterarm, Wolfgangs Unterkörper und Leopolds Position am Hammerflügel nur höchst vage ausgeführt, auch die Lichtverhältnisse bleiben unklar. Trotzdem ist es ein höchst bemerkenswertes Bild: Obwohl es bedeutend einfacher gewesen wäre, sich in Einzelbildern porträtieren zu lassen, lässt die bürgerliche Familie Mozart ein Familiengemälde anfertigen, wie es im Adel üblich ist. Außerdem sind die Familienmitglieder gleichberechtigt dargestellt, keins wird in den Vordergrund gerückt, die verstorbene Mutter mit einbezogen. Ferner ist zu bemerken, dass sich die weitgereiste, weltgewandte Familie Mozart zwar höfisch herausputzt, aber dennoch in einer engen Salzburger Stube sitzt.

Mozart, Buchsbaumrelief von Leonard Posch, Mai 1789

Mozart, rotes Wachsrelief von Leonard Posch, Wien 1788

Mozart, Silberstiftzeichnung auf Elfenbeinkarton von Doris Stock, Dresden 1789

Mozart dürfte den Reliefbildhauer Leonard Posch schon aus seiner Salzburger Jugendzeit gekannt haben, denn Posch war seit 1766 in Salzburg Schüler von Johann Baptist Hagenauer, einem entfernten Verwandten des mozartschen Familienfreunds Lorenz Hagenauer. Als Geselle folgte Posch 1774 seinem Lehrer nach Wien, wo er an den Statuen für das Schloss und den Park Schönbrunn mitarbeitete. 1788 schuf Posch in Wien ein Mozart-Porträt als rotes Wachsrelief. Es stellt den Komponisten antikisierend mit freiem Hals und herabfallenden Locken im Profil dar. Wenig später entstanden noch weitere Medaillons – ein Gipsrelief, ein Buchsbaumrelief und eine in Stahlrosetten gefasste, für Constanze angefertigte Gürtelschnalle aus Wachs, Gips und Meerschaum auf blauem Samt unter Glas. Alle drei bilden Mozart ebenfalls im Profil, aber in der zeitüblichen Haartracht und Kleidung ab. Die Reliefs von Posch wurden im Laufe der Zeit als Kupferstiche, Zeichnungen und Ölgemälde häufig kopiert.
Das wohl bekannteste Porträt schuf Mozarts Schwager, der Schauspieler, Musiker und dilettierende Maler Joseph Lange. Das Bild dürfte – entgegen der gängigen Datierung auf 1782/83 – erst im Frühjahr 1789 in Wien entstanden sein, auf jeden Fall vor der Abreise Mozarts nach Berlin am 8. April, denn am 16. April 1789 erkundigt er sich aus Dresden bei seiner Frau, »ob die Langischen bisweilen kommen? – ob an dem Portrait fortgearbeitet wird?« An dem Porträt wurde offenkundig nicht fortgearbeitet. Es ist Fragment geblieben. Das Bild zeigt Mozart am Klavier, vermutlich in seiner häuslichen Umgebung. Mozart ist in konzentrierter, aber nicht angespannter Haltung dargestellt. Der dunkle Hintergrund nimmt verhältnismäßig viel Raum ein, ist aber malerisch nicht ausgestaltet, so dass sich die kleine, in der rechten Bildhälfte befindliche Silhouette klar abhebt. Das untere Drittel des leicht hochformatigen Bildes wurde nicht ausgeführt. Zwischen dem ausgeführten und dem unausgeführten Bildteil ergibt sich eine merkwürdige geometrische Linie, die links möglicherweise der Kontur des Klaviers entspricht. Das Mozart-Porträt von Joseph Lange ist bis heute sehr beliebt – vielleicht gerade wegen seines fragmentarischen Charakters, der den Betrachter zu eigenen Vorstellungen anregt.

Mozart am Klavier, unvollendetes Ölgemälde

von Joseph Lange, Wien, vermutlich 1789

Mozart, Ölgemälde von

Barbara Krafft, 1819

Mozarts Reise nach Berlin führte ihn 1789 über Dresden, wo er am 16. und 17. April den Oberkonsistorialrat Christian Gottfried Körner, den Vater des Dichters Theodor Körner und Freund Friedrich Schillers, besuchte. Körners Schwägerin Doris Stock fertigte an einem der beiden Tage eine kleine Silberstiftzeichnung auf Elfenbeinkarton an, die nicht größer als 7,5 x 6,2 Zentimeter ist. Silberstift wird schon im ersten Jahrhundert von Plinius als Schreibtechnik auf Pergament erwähnt. Man benutzt einen Metallgriffel mit einer angelöteten Spitze aus Feinsilber. Der Zeichengrund muss bei der Verwendung von Silberstift besonders präpariert werden. Pergament raute man beispielsweise mit Bimsstein leicht auf, damit es die Farbe besser aufnahm. Ein Silberstift erzeugt hellgraue Linien von gleicher Stärke, die im Lauf der Zeit durch Anlaufen stark nachdunkeln können. Die Silberstiftzeichnung muss sehr sorgfältig gearbeitet werden, denn jede Korrektur bleibt erkennbar – im Gegensatz zum Bleigriffel, dessen Strich schon mit einer einfachen Brotkrume, dem ›Radiergummi‹ der damaligen Zeit, entfernt werden kann. Die Hochblüte der Silberstiftzeichnung war das 15. Jahrhundert, der Graphitstift oder Bleistift kam erst im frühen 16. Jahrhundert auf, daneben verwendete man für Zeichnungen aber auch Kohlestift, Kreide oder Rötel. Doris Stock bedient sich also mit dem Silberstift einer im 18. Jahrhundert bereits überkommenen Technik. Die Silberstiftzeichnung und das Porträt von Lange gehören zu den seltenen Darstellungen von Mozart in privatem Rahmen.

Die bedeutende Porträtmalerin Barbara Krafft schuf 1819, also achtundzwanzig Jahre nach Mozarts Tod, als Auftragswerk ein Porträt des Komponisten. Obwohl erst posthum entstanden, ist dieses Porträt ein malerisch gelungenes, differenziert ausgearbeitetes und wohl auch sehr authentisches Mozart-Bild. Auftraggeber des Porträts war der k. k. Hofagent und niederösterreichische Regierungsrat Joseph Sonnleithner, eine im Wiener Musikleben bekannte Persönlichkeit. Zwar hatte Sonnleithner Mozart noch gekannt, doch war es ihm nicht mehr gelungen, zu Lebzeiten des Komponisten ein Bild in Auftrag zu geben. So wandte er sich 1819 schließlich an Mozarts Schwester Nannerl in

Salzburg und bat sie, eins der in ihrem Besitz befindlichen Porträts der Malerin Krafft für eine Kopie zur Verfügung zu stellen. Barbara Krafft besuchte Nannerl, die ihr drei Bildnisse vorlegte – das Familienbild von della Croce und zwei Miniaturen. Obwohl sich Barbara Krafft entschloss, nicht ein Bild genau zu kopieren, sondern ein neues Porträt als Kombination aus dem vorliegenden Material zu schaffen, ist ihrem Bildnis deutlich anzusehen, dass das Mozart-Porträt aus dem Familienbild della Croces Pate stand.

Die beiden Mozart-Porträts von Grassi und Edlinger entstanden zwar noch zu Lebzeiten des Komponisten, wurden jedoch erst im 20. Jahrhundert wiederentdeckt. Joseph Grassi wurde in Wien geboren. Der Hochbegabte besuchte schon mit elf Jahren die dortige Akademie und wurde zum gefragten Porträtmaler. Grassi porträtierte Mitglieder des Hochadels in Wien und Polen ebenso wie Königin Luise, König Friedrich Wilhelm III. und Prinz Louis Ferdinand von Preußen, aber auch verschiedene Personen aus dem engeren Bekanntenkreis Mozarts. Grassi war nur zwei Jahre jünger als Mozart, die beiden haben sich gekannt. So berichtet Mozart am 12. März 1783 seinem Vater, wie er mit Freunden, darunter Aloysia und Joseph Lange, auf dem Faschingsball im Redoutensaal während der Pause des öffentlichen Balls ›Pantalon und Colombine‹, KV 446, aufführte: »Meine schwägerin war die Colombine, ich der Harlequin, Mein schwager der Piero, ein alter tanzmeister | Merk | der Pantalon. ein Maler (graßi) der Dottore. – die Erfindung der Pantomime, und die Musick dazu war beydes von mir. – der Tanzmeister Merk hatte die güte uns abzurichten; und ich sag es ihnen wir spielten recht artig.« Das auffallend kleine Mozart-Porträt von Grassi (24,5 x 21 cm) entstand 1785, wurde 1988 von Jürgen Köchel wiederentdeckt und auf dem Mozart-Kongress 1991 in Salzburg kontrovers diskutiert.

Das um 1790 entstandene Mozart-Porträt Johann Georg Edlingers ist das jüngste der wiederentdeckten Mozart-Bilder. Der Kunsthistoriker und Oberkustos an der Berliner Gemäldegalerie Rainer Michaelis und der Informatiker Wolfgang Seiller aus Ottobrunn, ein Nachfahre Edlingers, stellten es in einem wissenschaftlichen Aufsatz im ›Mozart-Jahrbuch 1999‹ der Forschung vor. Nach der

Ungesichertes Porträt Mozarts

von Joseph Grassi, Ölgemälde auf Karton, 1785

Ungesichertes Porträt Mozarts,

Ölgemälde von

Johann Georg Edlinger, um 1790

Ungesichertes Ölporträt von

Thaddäus Helbling, 1767

Ungesichertes Porträt, anonymer Künstler,

Gouache auf Pergament 1803 (?)

Restaurierung des Bildes durch Ute Stehr wurde es im Januar 2005 in der Berliner Gemäldegalerie der Öffentlichkeit präsentiert. Neben allgemeinen physiognomischen Ähnlichkeiten zwischen der von Edlinger porträtierten Person und gängigen Mozart-Bildern verwiesen die Forscher auch mittels computergestützter Analyse auf die frappanten Übereinstimmungen des Edlinger-Porträts mit dem anonymen Porträt aus dem Jahr 1777, das für Padre Martini in Bologna entstanden war und Mozart als Ritter vom Goldenen Sporn zeigt. Trotzdem gibt es nach wie vor Stimmen, die die Echtheit bezweifeln und in der dargestellten Person einen Münchner Kaufmann vermuten.

Edlinger wurde in Graz geboren, kam 1770 nach München und wurde 1781 von Kurfürst Karl Theodor zum Hofmaler ernannt. Es ist als sicher anzunehmen, dass sich Mozart und Edlinger gekannt haben. Edlinger, der bekannt ist für seine genauen Naturstudien und eine beinahe rücksichtslos realistische Porträtweise, stellt Mozart äußerst menschlich und lebensnah, in lockerer Haltung auf einem Stuhl sitzend, mit sprechenden Augen sowie einem hintergründigen und zugleich heiteren Gesichtsausdruck dar. Im Gegensatz zu dem fragmentarisch-offenen Mozart-Bild Joseph Langes zeigt Edlinger Mozart detailgenau. Trotz der großen Überzeugungskraft löste das Bild bei der Präsentation Befremden aus. Hatte man sich Mozart nicht eigentlich anders vorgestellt?

Die Zahl der unverbürgten, doch immer wieder kommentarlos als authentische Mozart-Bilder veröffentlichten Porträts ist unüberschaubar groß. Fünf davon seien hier exemplarisch kurz vorgestellt. Offenkundig bestand ein starkes Bedürfnis nach Knabenbildern, denn auffällig viele der nicht gesicherten Mozart-Bildnisse zeigen ein Kind oder einen Jugendlichen. Das vielleicht um 1767 entstandene Porträt des in Passau geborenen und in Wien wirkenden Malers Franz Thaddäus Helbling (1737 bis nach 1783) stellt zwar einen Knaben in Mozarts Alter dar, doch zeigt es mit hoher Wahrscheinlichkeit nicht den Musiker, sondern Karl Max Graf von Firmian. Das vermutlich um 1803 in Salzburg entstandene Gouacheporträt eines anonymen Malers zeigt einen jugendlichen Mann, dessen Schleifenbindung auffällige Ähnlichkeit hat mit der schmetterlingsartigen Schleifenbindung Mozarts, wie man sie von einigen der gesicherten Porträts kennt. Der Dargestellte hält ein Buch in der Hand, auf dem das Monogramm AM zu sehen ist. Ob es sich bei dem anonymen Salzburger Porträt tatsächlich um ein posthumes Mozart-Bild handelt, ist bis heute nicht erwiesen. Aus den Briefen Nannerls an den Verlag Breitkopf & Härtel geht hervor, dass sie ein solches hat anfertigen lassen. Am 9. Oktober 1803 schreibt sie: »Ich benachrichtige Ihnen mit diesen Schreiben, daß mit dem gestrigen Postwagen, die copie von meines Bruders portrait bereits abgegangen ist, ich ließ solches durch den Mahler selbst packen, welcher öfters portraits zu verschicken hat, hofe also daß Sie solches unbeschädiget erhalten werden, ich bezahlte für das mahlen, und zusammen packen 12 fl. – nach dem original sagte jedermann, der es sahe, daß es gut getrofen seye, ich wünsche also daß auch Sie damit zufrieden seyn möchten, da es hier nicht auf einen feinen Pinsel, sondern nur daß es vollkommene Aehnlichkeit mit dem original hat, ankommet, so glaube ich wenigsten Sie werden zufrieden seyn.« Die um 1815 entstandene Radierung des Mailänder Reproduktionsstechers Giovanni Antonio Sasso soll Mozart komponierend um 1786 zeigen. Das Gesicht und die Frisur haben eine entfernte Ähnlichkeit mit dem Komponisten, doch alles andere weist es als ein typisches Bild des 19. Jahrhunderts aus: Das Genie sitzt einsam in die Ferne blickend am Instrument und lässt seinen Mantel sorglos über dem Stuhlrücken hängen. Ein Lorbeerkranz schmückt die Zimmerwand.

Bemühten sich die Künstler des 18. Jahrhunderts vor allem, Mozarts Physiognomie naturgetreu zu erfassen, so wird Mozart in der Kunst des 19. Jahrhunderts idealisierend dargestellt und auf Klischees reduziert. Man sieht das Wunderkind, den Götterliebling, das einsame Genie, den geselligen Lebemann oder den siechen Komponisten, der mysteriöserweise auf seinem Sterbebett an einer Totenmesse arbeitet. Pompöse Denkmäler stilisieren Mozart zum Nationalhelden. Der Münchner Genremaler und Zeichner Heinrich Lossow erfasst um 1864 den niedlichen Knaben, der allein an einer Orgel spielt. Das Kind ist noch viel zu klein für die große Orgel. Mönche belauschen ihn erstaunt und andächtig. Das

Mozart als Knabe in der Franziskanerkirche
in Ybbs, 1762,
Ölgemälde von Heinrich Lossow, um 1864

Mozart am Klavier komponierend,
um 1786, kolorierte Radierung
von Giovanni Antonio Sasso, um 1815

Mozart, Gemälde von

Johann Heinrich Wilhelm Tischbein, um 1790

Mozart in Salzburg,

Gemälde nach Fritz Schwörer, vermutlich von

Valentin Janschek

Bild greift eine reale Begebenheit auf. Am 5. Oktober 1762 kam Leopold mit seinen beiden Kindern auf der Konzertreise nach Wien in das Donaustädtchen Ybbs, wo Wolfgang auf der Orgel der Franziskanerkirche spielte. In einem Brief vom 16. Oktober schildert Leopold: »den folgenden Erchtag Mittags kamen wir nach Ips, wo 2 Minoritten und ein Benedictiner, die mit uns auf dem Schiff waren, hl: Messe lasen, unter welchen unser Woferl sich auf der Orgel so herumtummelte und so gut spielte, daß die P:P: Franciscaner, die eben mit einigen Gästen bey der Mittagstafl sassen, samt ihren Gästen das Essen verliessen, dem Chor zulieffen, und sich fast zu Todt wunderten.«

Bar jeder realen Vorlage ist die Darstellung Mozarts als junger Erwachsener in einem arkadischen Blumenhain. Pathetisch hebt sich im Hintergrund die Salzburg vom leuchtenden Himmel ab. Das Bild stammt wahrscheinlich von Valentin Janschek und ist nach einem Gemälde des Münchner Malers und Illustrators Fritz Schwörer entstanden. Es gibt ein bemerkenswert gegensätzliches Beethoven-Pendant zu diesem lieblichen Mozart-Bild: Ebenfalls nach einem Gemälde von Fritz Schwörer fertigte Paul Barfus einen Stich mit dem Titel ›Beethoven in stürmischer Landschaft‹ an.

Ein nüchterner Kontrast dazu ist das strenge Mozart-Bild Johann Heinrich Wilhelm Tischbeins, der einerseits durch Historienbilder, Porträts, Stillleben und Idyllen bekannt ist, andererseits aber vor allem durch sein ›Bildnis Goethes in der Campagna‹ (1786/87) und ›Goethe am Fenster seiner Wohnung in Rom‹ (1787). Tischbein war zwar noch Zeitgenosse Mozarts, doch ruft er mit seinem Bild einen romantisch-biedermeierlichen Eindruck hervor, indem er den Komponisten in schlichter Haltung und bürgerlicher dunkler Kleidung vor einem unspezifischen Hintergrund darstellt. Das Bild ist angeblich im Oktober 1790 in Mainz entstanden. Es ist die Kopie eines älteren um 1777/78 in Mannheim gemalten vermeintlichen Mozart-Porträts von Tischbein. Mozarts Sohn Carl Thomas gibt am 17. September 1856 eine eindeutige Erklärung zu dem Bild ab: »Mit Bedauern sehe ich mich zur Steuer der Wahrheit gezwungen zu bekennen, daß meine immer noch lebhaft erhaltene sichere Erinnerung in besagtem Gemälde

Mozart auf dem Sterbebett,
sein Requiem komponierend,
Gemälde von William James Grant,
vor 1854

Das Mozart-Denkmal in Wien

von Victor Tilgner, 1896

keine Spur von Ähnlichkeit wahrzunehmen vermag, so zwar, daß, wofern es nicht ganz vollkommen erwiesen sein sollte, daß Tischbeins Originalgemälde wirklich das Porträt meines Vaters darstelle, ich sogar auf die Vermutung verfallen würde, daß ein Irrtum unterlaufen sei, und es sich um eine ganz andere Person handle.«

Der englische Maler und Holzschneider William James Grant schuf mit seinem um 1854 entstandenen Gemälde ein rührendes Genrebild des sterbenden Mozart. Mit letzter Kraft schreibt der Komponist an seinem Requiem. In einem champagnerfarbenen Morgenrock aus Seide mit Pelzbesatz liegt er bei offenem Fenster blass und bereits vom Tode gezeichnet im Bett, auf dem madonnengleich seine Schwägerin Sophie Haibl sitzt und ihm über die Hand streicht. Sein genialischer (Friedrich Schiller nicht unähnlicher) Gesichtsausdruck ist versöhnlich. Er hat seinen Frieden geschlossen. Grant löst in seiner frei fließenden, lichten Malweise die streng gegenständliche Darstellung auf und betont das Atmosphärische, worin er den Zeitgeschmack des 19. Jahrhunderts genau trifft.

Das heute im Wiener Burggarten stehende heroische Mozart-Denkmal stammt von dem Wiener Bildhauer Victor Tilgner. Er schuf zahlreiche Porträtbüsten, unter anderem von Johann Strauß und Kaiserin Elisabeth, aber auch Brunnenanlagen, Denkmäler, Grabmonumente und die Bauplastiken für die Wiener Hofmuseen, das Burgtheater und die Neue Hofburg. Sein Mozart-Denkmal war ursprünglich für den Platz vor der Albertina geschaffen worden, wo es 1896 enthüllt wurde. Im Zweiten Weltkrieg wurde es zerstört und musste restauriert werden. 1953 erhielt es seinen Platz am heutigen Standort im Burggarten an der Ringstraße. Die seitlichen Reliefs zeigen Szenen aus Mozart-Opern und Szenen aus Mozarts Kindheit.

Ebenso wie das Denkmal Tilgners gibt sich auch das Gemälde A. Berckmanns aus dem Jahr 1879 neobarock. So wollte man den gesellig-lustigen Lebemann Mozart im Kreise seiner Freunde sehen. Die Ästhetik dieser idealisierenden überladenen Historienszene sollte die Ästhetik der Mozart-Filme im 20. Jahrhundert stark beeinflussen.

So ließ sich Mozart gut vermarkten und verkaufen. Das erkannte auch schon 1890 der Salzburger Konditormeister Paul Fürst, der die Mozartkugel erfand. Die noch immer im Betrieb der Café Konditorei Fürst hergestellte originale Mozartkugel wurde vielfach imitiert und ist heute der beliebteste Exportartikel Österreichs. Mozarts Konterfei lacht die Touristen überall in Salzburg und Wien in den Auslagen der Kaffeehäuser und Konditoreien an.
Doch das 20. Jahrhundert mit seinen technisch-wissenschaftlichen Errungenschaften brachte auch eine ganz andere Annäherung an Mozart: Die gerichtsmedizinische Untersuchung seines Schädels, der 1801 angeblich aus Mozarts Grab geborgen und 1901 wiederentdeckt worden war, erlaubte es beispielsweise, eine Weichteilrekonstruktion des Gesichts zu erstellen und dieses mit Mozart-Bildern zu vergleichen. Das Ergebnis bleibt umstritten.

Ein Diner zu Ehren Mozarts bei Schikaneder,

Gemälde von A. Berckmann, 1879

MOZART IN DER BILDENDEN KUNST

Mozart inspiriert bis heute bildende Künstler auf mannigfache Weise. Das Spektrum reicht dabei von Porträts des Komponisten, Standbilder und Büsten über die Bühnengestaltung seiner Opern bis hin zur abstrakten Verknüpfung der bildenden Kunst mit der Musik. Mozarts ›Zauberflöte‹ galt von jeher das besondere Interesse der Künstler. Das Verständnis dieser Oper wurde im 19. Jahrhundert nachhaltig von Karl Friedrich Schinkel bestimmt, dessen Bühnenbild zur Berliner Inszenierung von 1816 den Zusammenhang der Oper mit den Ideen der Freimaurer deutlich machte. In der bildenden Kunst des 20. Jahrhunderts finden sich aber auch zahlreiche Beispiele für individuelle Deutungen der Oper. Die Variationsbreite der Werke bekannter und weniger bekannter Künstler, die sich mit Mozart und seiner Musik auseinander setzen, ist enorm groß. Die folgende Auswahl von Werken aus dem 20. und 21. Jahrhundert möchte einen Eindruck von der Vielseitigkeit der Mozart-Rezeption in der Bildenden Kunst geben und dazu einladen, eigene Wege zu Mozart zu entdecken. Auf die Abbildungen folgen kurze Texte zu den hier vertretenen Künstlern.

Simon Quaglio: ›Die Zauberflöte‹

Bühnenbildentwurf, Hoftheater München 1818

Marc Chagall, Dekorationsentwurf für

Karl-Ulrich Nuss ›M. (in Stereo) unter uns‹ 1989,
Bronzeplastik (38 Figuren), 18,5 x 220 x 9,5 cm,
im Besitz des Künstlers

Markus Lüpertz ›Mozart – eine Hommage‹,

Viertes Kunstprojekt Salzburg 2005, Ursulinenplatz Salzburg,

Bronzeplastik (Gipsmodell), Höhe ca. 350 cm

Raoul Dufy ›Hommage à Mozart‹ 1915,
Öl auf Leinwand, 81 x 65 cm, Albright Art
Gallery, Buffalo

Paul Klee ›Ein bayrischer Don Giovanni‹ 1919, 116

Aquarell und Feder auf Papier, 22,5 x 21,3 cm,

Robert Indiana ›Mozart – Eine kleine Nachtmusik‹

1966. Acryl auf Leinwand. 152,5 x 127 cm. Privatsammlung, Paris

Almaviva
Militärische Reithosen, hoch über
enge Stiefel, schwarz,
mit Sporen
grünes Unterhemd
Leichter Morgenrock, sehr weit
1983

Marcellina

Figaro

Mozart

Barbara Zirpins ›Ich
Acryl auf Leinwand,
aus zwei Teilen je 5

Rita Beckemeyer ›Mozart Variationen‹ begonnen 2001 (Auswahl),
Mischtechniken auf Papier, Format der Einzelbilder: 13 x 13 cm,
Format dieser Konstellation: 65 x 52 cm, Privatbesitz

Simon Quaglio | Der italienische Maler und Lithograph (1795–1878) lässt in seinen neoklassischen Dekorationen der Münchner Zauberflöten-Aufführung deutlich das Vorbild Schinkels erkennen. Sein Entwurf zum Auftritt der Königin der Nacht wurde von Schinkels Kuppeldekoration geprägt.

Max Slevogt | Der Maler und Grafiker Max Slevogt (1868–1932) war selbst musikalisch begabt und hat sich vor allem mit der ›Zauberflöte‹ und mit ›Don Giovanni‹ intensiv auseinander gesetzt, unter anderem in Bühnenbildern zu beiden Opern und Randzeichnungen zu Mozarts Handschrift der ›Zauberflöte‹. Die Freundschaft zu dem portugiesischen Sänger und Schauspieler Francisco d'Andrade prägte Slevogts Mozart-Bild entscheidend mit. Er stellte den Sänger mehrfach in der Rolle des Don Giovanni dar, etwa in ›Das Champagnerlied‹ von 1902 oder ›Der Schwarze d'Andrade‹ von 1903.

Oskar Kokoschka | Der Maler, Grafiker und Dichter Oskar Kokoschka (1886–1980) leitete von 1953 bis 1962 an der Internationalen Sommerakademie Salzburg die ›Schule des Sehens‹. In dieser Zeit arbeitete er mit dem Dirigenten Wilhelm Furtwängler zusammen, der ihn anregte, Bühnenbild und Kostüme für eine Inszenierung der ›Zauberflöte‹ an der Felsenreitschule Salzburg zu entwerfen.

Marc Chagall | Der russisch-französische Maler und Grafiker Marc Chagall (1887–1985) setzte Mozarts Musik in Gemälden, aber auch Glasfenstern, Mosaiken, Buchillustrationen und Bühnendekorationen um. 1966 schuf er zwei monumentale Wandgemälde für die neu eröffnete New Yorker Metropolitan Opera. Im selben Jahr besorgte er dort auch die Bühnenausstattung der ›Zauberflöte‹.

Rolf Bodenseh | Der deutsche Bildhauer (geb. 1941 in Tübingen) lebt und arbeitet in Grötzingen-Aichtal. Seine Skulptur zur ›Zauberflöte‹ symbolisiert den Übergang zwischen dem Reich der Königin der Nacht und Sarastros Reich. Die Pyramide greift die freimaurerische Symbolik der Oper auf.

Karl-Ulrich Nuss | Der deutsche Bildhauer (geb. 1943 in Stuttgart) lebt und arbeitet im Remstal. Der Betrachter seiner Bronzeplastik befindet sich auf einer Ebene mit den achtunddreißig wie auf einer Bühnenplattform agierenden Figuren. Mit der links und rechts auftretenden Mozart-Figur stellt der Künstler die akustische Raumwirkung der Musik dar.

Markus Lüpertz | Der deutsche Maler und Bildhauer (geb. 1941 in Liberec/Böhmen) lebt und arbeitet in Düsseldorf und Berlin. Zum Mozart-Jubiläum 2006 schuf er seine Mozart-Skulptur, die im Juli 2005 vor der Ursulinenkirche in Salzburg enthüllt wurde.

Raoul Dufy | Der französische Maler und Graphiker (1877–1953) fand über den Impressionismus, Fauvismus und Kubismus zu einem ganz eigenen Stil. In mehr als zehn Arbeiten beschäftigte er sich auf unterschiedliche Weise mit Mozart. Sein Ölgemälde ›Hommage à Mozart‹, in dem die französischen Nationalfarben dominieren, ist wie eine Collage gestaltet.

Paul Klee | Der in der Schweiz geborene Maler und Grafiker (1879–1940) war selbst ein begabter Musiker. In ›Ein bayrischer Don Giovanni‹ verknüpft Klee das Don-Juan-Thema humoristisch mit dem Topos des ›Fensterlns‹.

Robert Indiana; eigentl. Robert E. Clark | Der amerikanische Maler (geb. 1928 in New Castle/Indiana) gehört zu den Vertretern der Pop Art. In seinem Acrylbild ›Mozart – Eine kleine Nachtmusik‹ bringt er das populärste Werk des Komponisten als Marke mit den nationalen amerikanischen Insignien zusammen und spricht damit die Themen Reproduzierbarkeit und Massenkonsum an.

Johannes Grützke | Der deutsche Maler, Zeichner und Druckgrafiker (geb. 1937 Berlin) ist einer der Gründer der ›Schule der neuen Prächtigkeit‹. Sein Wandpanorama in der Frankfurter Paulskirche machte ihn einer breiten Öffentlichkeit bekannt. Bei der Darstellung der Figuren für ›Figaros Hochzeit‹ bricht er mit dem märchenhaften Rokoko-Klischee. Er zeigt sie als rohe, ungefällige Antihelden aus den späten fünfziger Jahren des 20. Jahrhunderts.

Ernst Fuchs | Der österreichische Maler und Bildhauer (geb. 1930 in Wien) gehört mit Arik Brauer zu den wichtigsten Vertretern der ›Wiener Schule des Phantastischen Realismus‹. Er greift in seiner Darstellung des Papageno auf die mythologische Symbolik der Zauberflöte zurück.

Rainer Fetting | Der deutsche Maler und Bildhauer (geb. 1949 in Wilhemshaven) ist einer der wichtigsten Vertreter der deutschen Neuexpressionisten und der ›Heftigen Malerei‹. Für sein großformatiges Mozart-Porträt diente offenbar das posthume Mozart-Porträt von Barbara Krafft als Vorlage.

Barbara Zirpins | Die Malerin (geb. 1950 in Berlin) lebt und arbeitet in ihrer Geburtsstadt. Ausgangspunkt des Bildes ›Ich bin‹ ist Mozarts Nachschrift unter einen Brief des Vaters an die Mutter aus Neapel vom 16. Juni 1770: »Ich bin auch noch lebendig, und bin beständig lustieg wie allzeit, und reise gern.«

Rita Beckemeyer | Die Malerin und Bildhauerin (geb. 1964 in Osnabrück) lebt und arbeitet in Tecklenburg. Grundlage ihrer ›Mozart Variationen‹ ist das bekannte Mozart-Porträt von Joseph Lange. Die einzelnen Elemente können in verschiedenen Anordnungen kombiniert werden.

Georg Gartz | Der deutsche Maler und Bildhauer (geb. 1955 in Krefeld) lebt in Köln. Der Titel seines Gemäldes ›Arabeske‹ verweist auf die Vielseitigkeit des Musik-Erlebens und den arabischen Einfluss in der Musik Mozarts.

THEATER UND FILM

Seit Beginn der Filmgeschichte haben Filmemacher vieler Nationen Mozart für sich entdeckt. Im Mittelpunkt standen zunächst biografische Filme, später kamen Opernverfilmungen dazu. Der französische Regisseur Louis Feuillade drehte mit ›La Mort de Mozart‹ 1909 noch zu Stummfilmzeiten die erste nachweisliche Filmbiografie Mozarts. Sie hat eine Länge von etwa fünfzehn Minuten und ist mit französischen Zwischentexten versehen. Ihre Aufführung wurde von Livemusik begleitet. In Amerika kam der Film unter dem Titel ›Mozart's Last Requiem‹ heraus. Otto Kreisler und Karl Toma drehten 1921 in Österreich eine fünfundsiebzigminütige Filmbiografie ›Mozarts Leben, Lieben und Leiden‹ mit Josef Zetenius als Mozart und Dora Kaiser als Constanze. Den ersten Tonfilm brachte Basil Dean 1936 in England mit dem Film ›Whom the Gods Love‹ heraus, für dessen Filmmusik Sir Thomas Beecham das London Symphony Orchestra leitete. Der erste deutsche Mozart-Film war ›Eine kleine Nachtmusik‹ von 1939. Der Handlung lag die Novelle ›Mozart auf der Reise nach Prag‹ von Eduard Mörike zugrunde, Leopold Hainisch führte Regie. Ein weiterer Beitrag zum Mozart-Film kam aus Italien – ›Melodie Eterne‹ von Carmine Gallone aus dem Jahr 1940. Das Drehbuch schrieb Ernst Marischka.

Unter nationalsozialistischer Herrschaft entstand 1942 in Österreich der Film ›Wen die Götter lieben‹ unter der Regie von Karl Hartl, mit Hans Holt als Mozart. Die Filmmusik wurde von den Wiener Philharmonikern gespielt. Trotz Titelgleichheit besteht keine Verbindung zu dem sechs Jahre zuvor entstandenen englischen Film von Basil Dean. 1948 schuf Frank Wisbar für Amerika eine erweiterte Adaption von Hartls ›Wen die Götter lieben‹, der nun unter dem Titel ›The Mozart Story‹ lief und erstmals die Konkurrenz zwischen Mozart und Salieri thematisierte. Hartls zweiter Mozart-Film ›Reich mir die Hand, mein Leben‹ entstand 1955 im Nachkriegs-Österreich mit Oskar Werner als Mozart. Der Titel des Film ist ein Zitat aus ›Don Giovanni‹. Mit den Worten ›Reich mir die Hand, mein Leben‹ beginnt das berühmte Duett Nr. 7 zwischen Don Giovanni

Papageno, Scherenschnittfilm von Lotte Reiniger, 1935

Reich mir die Hand, mein Leben, Österreich 1955, Regie: Karl Hartl

und Zerlina in der viel gesungenen deutschen Übersetzung von Georg Schünemann. Die beiden unter Hartls Regie entstandenen Mozart-Filme knüpfen in ihrem kitschig-historisierenden Habitus an die Ästhetik der romantischen Mozart-Gemälde aus dem 19. Jahrhundert an. Beide Filme betonen Mozarts Liebesaffären. In ›Wen die Götter lieben‹ steht seine Beziehung zu Aloysia Weber und die Ehe mit Constanze im Mittelpunkt. In ›Reich mir die Hand, mein Leben‹ wird Mozart eine Affäre zu Anna Gottlieb unterstellt. Sie war die erste Sängerin der Barbarina in ›Le nozze di Figaro‹ und die erste Pamina in der ›Zauberflöte‹. Eine Ausnahmestellung unter den Mozart-Filmen der ersten Jahrhunderthälfte nehmen die Scherenschnittfilme Lotte Reinigers sowie der Dokumentarfilm ›Unsterblicher Mozart‹ von Alfred Stöger und Oskar Fritz Schuh ein. Die Scherenschneiderin und Buchillustratorin Lotte Reiniger ist die Pionierin des Silhouetten-Animationsfilms. Schon früh begeisterte sie sich für die chinesische Kunst des Silhouettenpuppenspiels. Gemeinsam mit ihrem Mann Carl Koch entwickelte und perfektionierte sie die Technik des Scherenschnittfilms. 1923 realisierte sie mit ›Die Abenteuer des Prinzen Achmed‹ den ersten abendfüllenden Trickfilm der Filmgeschichte. Lotte Reiniger drehte zwei Mozart-Filme: In ›Zehn Minuten Mozart‹ von 1930 zeigt sie höfische Paare, die zur Musik der ›Kleinen Nachtmusik‹ tanzen, und ein glückliches Paar, das in einem Duett aus ›Così fan tutte‹ seine Liebe besingt. Der 1935 entstandene elfminütige Film ›Papageno‹ handelt vom Liebesschmerz des Vogelmenschen, der sich trotz der Gesellschaft munterer Vögel im Wald einsam fühlt, bis er endlich auf eine Gefährtin trifft. Lotte Reiniger arbeitete unter anderem mit den Komponisten Paul Dessau, Kurt Weill, Paul Hindemith, Igor Strawinsky und Benjamin Britten zusammen, außerdem mit Karl Schmidt-Rottluff, Carl Zuckmayer, Bertolt Brecht und den Regisseuren Jean Renoir und Luchino Visconti. Mit ›Unsterblicher Mozart‹ entstand 1954 der erste Mozart-Film in Farbe. Er zeigt in fünfundneunzig Minuten ausgewählte Szenen aus den Mozart-Opern ›Die Entführung aus dem Serail‹, ›Le nozze di Figaro‹ und ›Don Giovanni‹ in Inszenierungen der Wiener Staatsoper. Der Filmtitel ist dem Mozart-Roman von Marianne

Vergeßt Mozart, Deutschland 1985,
Regie: Slavo Luther

unten: Amadeus, USA 1984,
Regie: Miloš Forman

Westerlind aus dem Jahr 1938 entnommen. In seiner Konzentration auf die Bühnenwerke Mozarts wird dieser Film richtungsweisend für die späteren Opernfilme.

Überwog in den Mozart-Filmen der ersten Jahrhunderthälfte deutlich eine fiktive Annäherung an die Biografie des Komponisten, so ging es manchen Filmschaffenden in der zweiten Jahrhunderthälfte um eine nüchterne und sachliche Darstellung der Lebensumstände Mozarts.

Für Filmbiografien mit dokumentarischem Charakter stehen zum Beispiel der auf Originalbriefen und Dokumenten basierende Film ›Das Leben Mozarts‹ (1967) von Hans Conrad Fischer oder der Beitrag ›Mozart‹ (1994) für die ›Biography series on the Arts & Entertainment‹ mit Zubin Mehta und Isaac Stern. Um Mozarts menschliche Beziehungen geht es Mark Rappaport, der in ›Mozart in Love‹ von 1975 erneut das Verhältnis Mozarts zu Aloysia und Constanze Weber fokussiert. In dem italienischen Film ›Noi Tre‹ (›Wir drei‹) von Pupi Avati wird Mozarts Sommeraufenthalt 1770 in Bologna thematisiert, wo sich der vierzehnjährige Komponist aus der väterlichen Umklammerung löst und Freundschaft zu gleichaltrigen Nachbarskindern knüpft. Mozarts Dresden-Aufenthalt 1789 macht sich Karl-Heinz Lotz 1991 in ›Trillertrine‹ zu eigen, einem Film mit völlig frei erfundener Handlung, die sich um Mozarts Rondo KV 382 dreht. Der Film entstand kurz nach dem Fall der Berliner Mauer als deutsch-deutsche Koproduktion der westdeutschen Produktionsfirma ›Ziegler Film‹ und der ostdeutschen DEFA-Studios. Um Mozarts Opern geht es in der dreiteiligen ›Mozart Gala‹ (1991), die Aufführungen aus der Arena von Verona zeigt. In ›Mozart: The Opera Experience‹ (1992) gibt Richard Baker kurze Einführungen in die sechs großen Opern Mozarts. Im Vorfeld des Mozart-Jahres 2006 schuf Kurt Palm mit ›Der Wadenmesser oder: Das wilde Leben des Wolfgang Mozart‹ einen humoristischen Mozart-Film, für die österreichische Tourismusbranche produzierte Curt Faudon einen Mozart-Werbefilm.

Der vielbeachtete und mit dem deutschen Filmpreis ausgezeichnete dokumentarische Spielfilm ›Mozart – Aufzeichnungen einer Jugend‹ (1974) von Klaus

Kirschner basiert auf Briefen aus der Jugendzeit Mozarts. Zu intensiven Bildern erklingt Mozarts Musik, gespielt auf historischen Instrumenten. Karl-Maria Schley als Leopold Mozart erhielt für seine darstellerischen Leistungen das Filmband in Gold.

Slavo Luther schuf mit seinem Film ›Vergeßt Mozart‹ von 1985 geradezu einen historischen Mozart-Thriller. Am Sterbebett Mozarts, der von Max Tidof dargestellt wird, versammeln sich ihm nahe stehende Menschen, Constanze, die von Catarina Raacke gespielt wird, und Schikaneder und Salieri, gespielt von Uwe Ochsenknecht und Winfried Glatzeder. Alle hätten ein Motiv, Mozart zu töten, doch auch dem Chef der Geheimpolizei (Armin Müller-Stahl) gelingt es nicht, die wahren Todesumstände aufzuklären. Ein Rückgriff auf die romantisierende Mozart-Adaption ist der fünfteilige französische Fernsehfilm ›Mozart‹ (1982) von Marcel Bluwal mit Christoph Bantzer als Wolfgang, Michel Bouquet als Leopold, Martine Chevallier als Constanze und Dietlinde Turban als Aloysia. Das Buch zum Film ist unter dem bezeichnenden Titel ›Mozart. Roman eines Lieblings der Götter‹ erschienen.

Miloš Formans Film ›Amadeus‹ von 1984 ist der bis heute mit Abstand bekannteste und erfolgreichste Mozart-Film. Stofflich geht er auf das gleichnamige Theaterstück von Peter Shaffer aus dem Jahr 1979 zurück. Der Film räumt mit dem überkommenen Klischee des weltentrückten Götterlieblings gründlich auf, indem er Mozart albern kichernd mit allen erdenklichen menschlichen Schwächen zeigt. Obwohl sich Shaffer und Forman vieler verbürgter Tatsachen aus Mozarts Leben bedienen, streben sie keine historische Authentizität an. Vielmehr gehen sie zum Teil fiktiv vor und verknüpfen Ereignisse aus Mozarts Leben frei zu einem äußerst spannenden Kinofilm, der trotz seiner Spieldauer von 160 Minuten kaum Längen hat. ›Amadeus‹ beschränkt sich auf Mozarts Wiener Jahre und stellt das Verhältnis Antonio Salieris zu Mozart in den Mittelpunkt, wobei Salieri schließlich an seinem psychischen Konflikt zugrunde geht. Er erkennt die Genialität Mozarts und muss sich verbittert eingestehen, dass daneben seine eigene Begabung nur als mittelmäßig erscheint. Neid, Hass

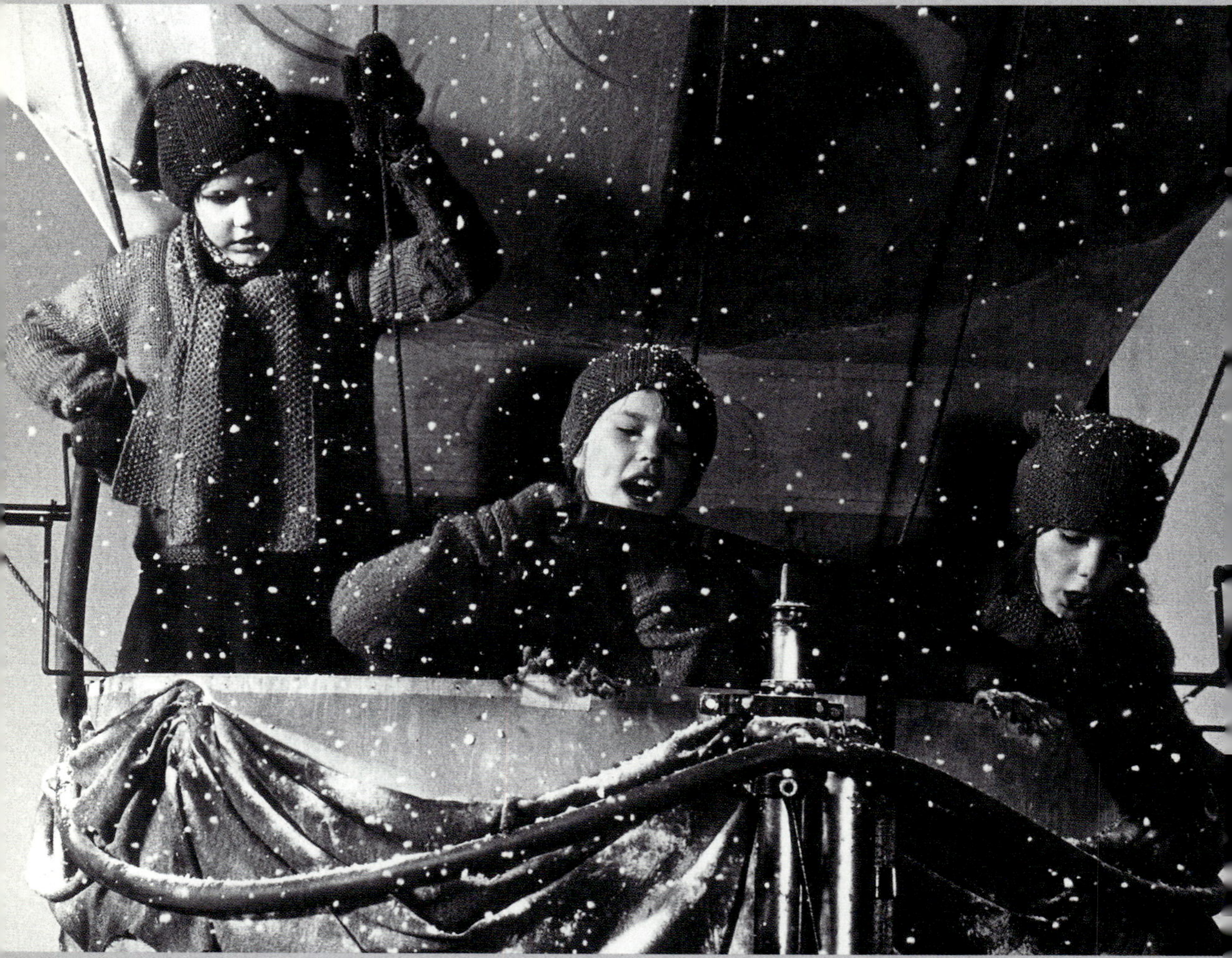

Trollflojten (Zauberflöte), Schweden 1974,

Regie: Ingmar Bergman

und Selbsthass zerfressen den Komponisten. Salieri wird von F. Murray Abraham, Mozart von Tom Hulce und Constanze von Elizabeth Berridge gespielt. Der opulent ausgestattete Film wurde teilweise in der Prager Altstadt gedreht, die für die Außenszenen eine stimmungsvolle Kulisse abgab. Die Kosten des Films beliefen sich auf 18 Millionen Dollar, eingespielt wurden über 50 Millionen Dollar. Der Film erhielt acht Oskars, unter anderem für den besten Film, die beste Regie und die beste Stoff-Adaption, die Peter Shaffer selbst vorgenommen hatte. Abraham wurde für seine Rolle als Salieri ausgezeichnet. Insgesamt gab es für ›Amadeus‹ achtunddreißig Auszeichnungen weltweit.

Es gibt unzählige Filmmitschnitte von Opernaufführungen, die auch als Film natürlich Theaterinszenierungen bleiben. Sie bilden die Bühnenhandlung ab, filmische Mittel kommen nur sehr begrenzt zum Einsatz. Der bedeutende Opernregisseur, Bühnen- und Kostümbildner Jean-Pierre Ponelle transportierte einige seiner Bühneninszenierungen aber auch ins filmische Medium. Die Verfilmung von Mozarts ›Così fan tutte‹ wurde sein letzter Opernfilm. Opernfilme von renommierten Kinoregisseuren sind die ›Zauberflöte‹ von Ingmar Bergman unter der musikalischen Leitung von Eric Ericson und ›Don Giovanni‹ von Joseph Losey unter der musikalischen Leitung von Lorin Maazel. Beide Opern wurden in den siebziger Jahren verfilmt. Ingmar Bergman hält seine filmische Umsetzung der ›Zauberflöte‹ betont schlicht und bezieht die Zuschauer des Films als Zuschauer des Theaterstücks unmittelbar mit ein. Bei der Ouvertüre werden Gesichter der Zuschauer gezeigt. Der Bildwechsel erfolgt im Rhythmus der Musik. Wir sehen Männer und Frauen jeden Alters und jeder Nationalität. Es sind alltägliche Menschen, nicht festlich herausgeputzt. Alle lauschen gebannt der Musik. Bergman stellt eine unprätentiöse Aufführung der ›Zauberflöte‹ auf einer einfachen Kulissenbühne dar, die Protagonisten sind mittelalterlich gewandet, Papageno kommt gar als Robin Hood daher, Monostatos als Narr und die drei Knaben als Ballonfahrer. Die Dramaturgie löst sich aber bald von der Theaterillusion, geht ins Filmische über und wechselt schließlich immer wieder zwischen Theater- und Filmvorstellung. Mehrfach lässt uns

Bergman auch hinter die Kulissen schauen. Wir erleben die Sänger als Privatpersonen in ihren Garderoben, rauchend und Karten spielend während der Pause. Trotz dieser entzaubernden Sachlichkeit geht von dem Wechsel von Wirklichkeit und Illusion ein besonderer Reiz aus.

Joseph Losey verfolgt in seiner fünf Jahre später entstandenen ›Don Giovanni‹-Verfilmung einen ganz anderen Ansatz. Er löst sich völlig vom Theater, die Handlung ist aus dem spanischen Sevilla nach Italien in die Umgebung von Venedig und Vicenza verlegt. Die Glasbläserei von Murano, die berühmten Renaissancevillen des Architekten Andrea Palladio und die typische Landschaft des italienischen Veneto sorgen für ein beeindruckendes Lokalkolorit und schaffen die Kulisse für faszinierend ästhetische und höchst artifizielle Bilder. Losey dreht nicht mit Schauspielern, sondern mit berühmten Opernsängern: Teresa Berganza als Zerlina, Edda Moser als Donna Anna, Kiri Te Kanawa als Donna Elvira, José van Dam als Leporello, Kenneth Riegel als Don Ottavio, Johan Macurdy als Komtur und nicht zuletzt Ruggero Raimondi als Don Giovanni, der den gebrochenen Charakter der Titelrolle sängerisch wie schauspielerisch überzeugend gestaltet.

Im Gegensatz zum lebhaften filmischen Umgang mit Mozart wird das Thema ›Mozart‹ von Bühnenautoren wenig genutzt. Ein Grund hierfür ist sicherlich, dass Mozart durch seine Opern ohnehin auf der Bühne omnipräsent ist. Die Zahl der freien Opernbearbeitungen, die ihrerseits einen eigenen Kunstanspruch erheben, ist so groß, dass hier nur ein Beispiel herausgegriffen sei: Hans-Magnus Enzensberger und Irene Dische bearbeiteten das Libretto von Mozarts Fragment gebliebener Oper ›Zaide‹ neu. Mit der Premiere 1996 im Berliner Hebbel Theater unter der Regie von Alexander Schulin, im Bühnenbild von Johannes Grützke, begann ein frei produzierter Mozart-Zyklus, der 1997 mit Katharina Thalbachs ›Don Giovanni‹ im E-Werk und 1998 mit George Taboris ›Zauberflöte‹ im Zirkuszelt fortgesetzt wurde. Das Theaterstück ›Amadeus‹ (1979) des amerikanischen Schriftstellers Peter Shaffer steht allein da, durch die erfolgreiche Verfilmung von Miloš Forman ist es zugleich als Schnittstelle

Don Giovanni, Deutschland, Frankreich, Italien 1979,

Regie: Joseph Losey

zwischen der Mozart-Rezeption im Theater und im Film zu sehen. 1985 – nur ein Jahr nach der Filmpremiere von ›Amadeus‹ – erzielte der Wiener Popstar Falco mit seinem Hit ›Rock me Amadeus‹ und dem gleichnamigen Musical internationale Erfolge. In dem Stück ›Da Ponte in Santa Fe‹ (2002) von Peter Turrini geht es um die letzten Lebensjahre des Mozart-Librettisten Lorenzo Da Ponte in Amerika. Mozart selbst taucht hier nicht auf. Die Uraufführung war wenig erfolgreich. In ›Mozarts Vision oder das totale Theater‹ (2003) des österreichischen Schriftstellers Franzobel steht nicht Mozart selbst im Mittelpunkt, sondern vielmehr die Frage nach der österreichischen Identität.

Der österreichisch-ungarische Schriftsteller Ödön von Horváth knüpft mit seinen Dramen ›Figaro läßt sich scheiden‹ und ›Don Giovanni kehrt aus dem Krieg zurück‹ an Stoffe an, deren Urheber zwar nicht Mozart war, die aber vor allem durch Mozarts Opern bekannt geworden sind. Horváth verlegt die Handlungen seiner adaptierten Stücke ins 20. Jahrhundert. Don Giovanni kehrt aus dem Ersten Weltkrieg heim und versucht, die letzte seiner im Stich gelassenen Geliebten zu finden. ›Figaro‹ spielt bei Horváth im nationalsozialistischen Deutschland von 1936. Graf und Gräfin Almaviva sowie Figaro und Susanna fliehen aus ihrer Heimat und versuchen, sich in der Fremde eine neue Existenz aufzubauen.

Ganz eigene Wege der Mozart-Umsetzung auf dem Theater ging der Hamburger Choreograph John Neumeier. Er zeigte 1991 in seinem Ballett ›Fenster zu Mozart‹ in fünf Teilen fünf Lebensphasen des Komponisten. Mozart wurde jedes Mal von einem anderen Darsteller verkörpert. Zu den unterschiedlichen Mozart-Gestalten traten jeweils verschiedene Personen in Beziehung. Stationen und Augenblicke aus Mozarts Leben wurden hier tänzerisch dargestellt. Es erklang Musik von Mozart, aber auch von Alfred Schnittke, Max Reger, Ludwig van Beethoven und Wolfgang von Schweinitz.

Ödön von Horváth:

Don Juan kehrt aus dem Krieg zurück,

Regie: Jacqueline Kornmüller,

Staatstheater Stuttgart, 2003

WOLFGANG AMADEUS MOZART
27. JANUAR 1756 BIS 5. DEZEMBER 1791

Originalhandschrift des ›Menuett‹ (KV1e=1)

von Wolfgang Amadeus Mozart (um 1761)

Eine der frühesten Kompositionen Mozarts

Zeit	Ort	Ereignisse	Werkauswahl
1761/62	Salzburg	Musikalische Unterweisung durch den Vater	Erste Klavierstücke (vom Vater notiert), KV 1a–f, 2–5
Jan. 1762	München	Auftritt vor Kurfürst Maximilian III. Joseph	
Sept. 1762	Wien	Audienz bei Kaiserin Maria Theresia	
1763			Für Klavier: Allegro C-Dur, KV 9a=5a
Juni 1763– Nov. 1766	München, Augsburg, Ulm, Ludwigsburg, Schwetzingen, Mainz, Frankfurt am Main, Koblenz, Bonn, Köln, Aachen, Brüssel, Paris, Versailles, London, Lille, Antwerpen, Rotterdam, Den Haag, Amsterdam, Haarlem, Utrecht, Paris, Dijon, Lyon, Genf, Lausanne, Bern, Zürich, Winterthur, Schaffhausen, Donaueschingen, Ulm, Biberach, München	Europa-Reise mit Vater, Mutter und Schwester	
1763	Über Deutschland und Belgien nach Paris	Der vierzehnjährige Goethe wohnt einem Konzert der Mozart-Kinder bei	
1764	Paris/London	In Paris werden erstmals Werke Mozarts gedruckt, erstes öffentliches Konzert in Paris Begegnung mit Johann Christian Bach und Karl Friedrich Abel in London Öffentliche Konzerte in London, Audienz bei König Georg III. und Königin Sophie Charlotte	Drucklegung der Violinsonaten KV6–9 in Paris (entst. 1762–1764)

Zeit	Ort	Ereignisse	Werkauswahl
1765	Belgien, Frankreich, Niederlande	Schwere Erkrankung Nannerls und Wolfgangs an Typhus	Drucklegung der Violinsonaten KV10–15 in London (entst. 1764) Erste Sinfonien, u. a. KV 16, KV 19, KV 22
1766	Niederlande, Belgien, Frankreich, Schweiz, Deutschland	Konzert vor Prinz Wilhelm von Oranien, Konzert bei Salomon Geßner	Klaviervariationen, Sonaten für Klavier und Violine, Vokalwerke. UA* des Lateinischen Intermezzos ›Apollo und Hyacinthus‹, KV 38, in der Universität Salzburg
Sept. 1767–Jan. 1769	Lambach, Linz, Melk, Wien, Brünn, Olmütz	Reise nach Wien mit Vater, Mutter und Schwester	
1767		Blatternepidemie in Wien, beide Kinder erkranken	Klaviersonaten, Kirchensonaten UA des Oratoriums ›Die Schuldigkeit des ersten Gebots‹, KV 35, in Salzburg
1768	Wien	Audienz bei Maria Theresia und Joseph II. Erster öffentlicher Auftritt in Wien	Auftrag zur Opera buffa ›La finta semplice‹ aus Wien UA des Singspiels ›Bastien und Bastienne‹, KV 50=46b, in Wien
1769	Rückkehr nach Salzburg	Ernennung zum unbesoldeten dritten Konzertmeister des Erzbischofs	UA der Opera buffa ›La finta semplice‹, KV 51=46a, in Salzburg Messen, Serenaden, Kassationen
Dez. 1769–März 1771	Verona, Mantua, Mailand, Lodi, Bologna, Florenz, Rom, Sessa Aurunca, Capua, Neapel, Portici, Pompeji, Herculaneum, Bologna, Mailand, Verona, Innsbruck, Salzburg	Erste Reise nach Italien mit dem Vater	

Zeit	Ort	Ereignisse	Werkauswahl
1770		Begegnung mit Padre Martini, Carlo Broschi, Thomas Linley Ernennung zum Ritter vom Goldenen Sporn durch Papst Clemens XIV. Aufnahme in die ›Academia filarmonica‹ in Bologna	UA der Opera seria ›Mitridate, rè di Ponto‹, KV 87=74a, in Mailand (Mozart dirigiert selbst) Sinfonien, Arien, Menuette, Sakralwerke Erstes Streichquartett, KV 80=73f
1771		Zweite Reise nach Italien mit dem Vater	Opernaufträge aus Mailand für ›Lucio Silla‹ und ›Ascanio in Alba‹ UA der Festa teatrale ›Ascanio in Alba‹, KV 111, in Mailand, für die Hochzeit des Erzherzogs Ferdinand von Österreich mit Maria Beatrice Ricciarda d'Este Sakralwerke, Sinfonien
Okt. 1772–März 73		Dritte Reise nach Italien	
1772	Salzburg (bis Okt.), Italien (Okt.–Dez.)	Besoldeter Konzertmeister der Salzburger Hofkapelle, Jahresgehalt 150 Floren	UA der Azione teatrale ›Il sogno di Scipione‹, KV 126, in Salzburg UA der Opera seria ›Lucio Silla‹, KV 135, in Mailand Divertimenti, Streichquartette, Lieder, Sinfonien, Kirchen-sonaten
1773		Reise nach Wien (Juli bis Sept.): Audienz bei Kaiserin Maria Theresia Vergebliche Stellensuche in Wien Bekanntschaft mit Franz Anton Messmer	UA der Motette F-Dur ›Exsultate jubilate‹, KV 165=158a, in Mailand

Zeit	Ort	Ereignisse	Werkauswahl
1774	Salzburg, München (Dez.-März 1775)		Beginn der Arbeit an der Opera buffa ›La finta giardiniera‹ Sinfonien, Klaviersonaten, Messen, weitere Sakralwerke
1775	München (Jan.-März), Salzburg (März-Dez.)		UA der Oper ›Il rè pastore‹, KV 208, in Salzburg UA der Opera buffa ›La finta giardiniera‹, KV 196, in München Zahlreiche Violinkonzerte, Orchesterstücke, Kammermusik, Lieder, Arien
1776	Salzburg	Wachsende Spannungen im erzbischöflichen Dienst	Klavierkonzerte: B-Dur KV 238 für 2 Klaviere; F-Dur KV 242 für 3 Klaviere u. C-Dur KV 246 für 2 Klaviere; ›Haffner-Serenade‹ (KV 250=248b), Orchesterstücke, Kammermusik, Lieder, Kirchensonaten
Sept. 1777–1779		Reise nach Paris über München, Augsburg und Mannheim	
1777		Entlassung aus der Salzburgischen Hofkapelle Beziehung zu seiner Cousine, dem ›Bäsle‹ Bekanntschaft mit Familie Weber Akademie bei Kurfürst Karl Theodor in Mannheim und erfolglose Stellensuche in Mannheim Unerfüllte Liebe zu A. Weber Begegnung mit Christoph Martin Wieland	Klavierkonzert Es-Dur (›Jeunehomme‹), KV 271 Divertimenti, Kammermusik, weitere Sakralwerke

Zeit	Ort	Ereignisse	Werkauswahl
1778	Paris (ab März)	Reise nach Paris mit der Mutter, dort am 3. Juli Tod der Mutter	UA der Ballettmusik ›Les petits riens‹, KV A 10=299b, in Paris, diverse Konzerte, Violinsonate e-Moll, KV 304=300c; Klaviersonate a-Moll, KV 310=300d UA der ›Pariser Sinfonie‹ D-Dur, KV 297=300a Sinfonien KV 319 und KV 364=320d; ›Posthorn-Serenade‹, KV 320
1779	Salzburg	Berufung zum Domorganisten, Jahresgehalt 450 Floren	›Krönungsmesse‹, KV 317 Orchester- und Kammermusik Konzert für zwei Klaviere Es-Dur KV 365=316a
1780	München (Nov.-März 1781)		1780/81 Vorbereitung der Oper ›Idomeneo‹ Lieder, Menuette, Sinfonie C-Dur, KV 338
1781	Im Mai Übersiedlung nach Wien zu Cäcilie Weber	Auftritt in einer Akademie der Tonkünstler-Sozietät in Wien Beziehung zu Constanze Weber Kündigung des Dienstes beim Erzbischof	UA der Opera seria ›Idomeneo‹, KV 366, in München Arien, Sonaten und Variationen für Klavier und Violine
1782	Wien	Heirat mit Constanze Weber im Stephansdom Begegnung mit Gluck Mitwirkung bei den ›Augarten-Konzerten‹ in Wien	UA des Singspiels ›Die Entführung aus dem Serail‹, KV 384, in Wien. Klavierkonzerte A-Dur, KV 415=385p; F-Dur, KV 413=387a; C-Dur, KV 415=387b
1783	Wien, Salzburg (Juli–Nov.)		Messe in c-Moll KV 427 (417a), entst. 1782, Abschluss vermutl. 1783, Fragment geblieben; ›Linzer Sinfonie‹, KV 425

Zeit	Ort	Ereignisse	Werkauswahl
1784	Wien	Mozart gibt in sechs Wochen zweiundzwanzig Akademien	Klavierkonzerte Es-Dur, KV 449; B-Dur, KV 450; D-Dur, KV 451; G-Dur, KV 453; B-Dur, KV 456; F-Dur, KV 459 Erste Eintragungen in das ›Verzeichnüß aller meiner Werke‹
1785	Wien	Begegnung mit Joseph Haydn Aufnahme in die Freimaurerloge ›Zur Wohltätigkeit‹	Aufführung von drei ›Haydn-Quartetten‹ in Anwesenheit Haydns Klavierkonzerte d-Moll, KV 466; Es-Dur, KV 482 Freimaurerkompositionen
1786	Wien		UA des Singspiels ›Der Schauspieldirektor‹, KV 486, in Wien UA der Opera buffa ›Le nozze di Figaro‹, KV 492, in Wien ›Prager Sinfonie‹, KV 505, Klavierkonzerte A-Dur, KV 488; c-Moll, KV 491; C-Dur, KV 503, Kammermusik, Klaviermusik
1787	Wien	Reise nach Prag mit Constanze im Januar: Mozart wohnt einer Aufführung des ›Figaro‹ bei, die mit Begeisterungsstürmen bedacht wird Festaufführung des ›Figaro‹ im Oktober 28. Mai Tod des Vaters Im Dezember Ernennung zum Kaiserlichen Kammerkompositeur, mit einem Jahresgehalt von 800 Floren	UA der Opera buffa ›Don Giovanni‹, KV 527, in Prag ›Eine kleine Nachtmusik‹, KV 525; Streichquintette
1788	Wien	Die materiellen Sorgen nehmen zu	Drei letzte Sinfonien, KV 543, KV 550, KV 551 (›Jupiter-Sinfonie‹)

Zeit	Ort	Ereignisse	Werkauswahl
1789		Reise nach Prag, Dresden, Leipzig, Potsdam und Berlin im April und Mai Mozart macht Schulden, Bettelbrief an seinen Logenbruder Puchberg	Klarinettenquartett, KV 581, erstes ›Preußisches Quartett‹, KV 575
1790	Wien	Im September Reise nach Frankfurt am Main über Linz, Regensburg, Nürnberg, Würzburg und Aschaffenburg Haydn geht nach London, letzte Begegnung mit Mozart	UA der Opera buffa ›Così fan tutte‹, KV 588, in Wien Streichquartette, B-Dur, KV 589; F-Dur, KV 590 (zweites und drittes ›Preußisches Quartett‹), KV 589 und 590, Klaviersonate D-Dur, KV 576
1791	Wien	Im August/September Reise nach Prag mit Constanze und Franz Xaver Süßmayr Letzter öffentlicher Auftritt in Wien, Klavierkonzert B-Dur, KV 595 Mozart wird unbesoldeter Stellvertreter des Kapell-meisters am Stephansdom November: Mozart dirigiert sein letztes vollendetes Werk, die Freimaurerkantate ›Laut verkünde unsre Freude‹, KV 623, in der Loge ›Zur neugekrönten Hoffnung‹ Dezember: Mozart stirbt, Beerdigung an unbekanntem Ort	UA der Opera seria ›La clemenza di Tito‹, KV 621, in Prag UA des Singspiels ›Die Zauberflöte‹, KV 620, in Wien Klarinettenkonzert, KV 622, Freimaurerkantate, KV 623, Requiem (Fragment, vollendet von F. X. Süßmayr), KV 626

*UA = Uraufführung

Literaturhinweise | Die Briefzitate dieses Bandes stammen aus folgenden Ausgaben: **Mozart. Briefe und Aufzeichnungen.** Gesamtausgabe, gesammelt und erläutert von Wilhelm A. Bauer, Otto Erich Deutsch und Joseph Heinz Eibl, 7 Bände, Kassel u. a. 1962–1975 | **Mozart. Die Dokumente seines Lebens,** gesammelt und erläutert von Otto Erich Deutsch, Addenda und Corrigenda zusammengestellt von Joseph Heinz Eibl, 2 Bände, Kassel u. a. 1961

Weiterführende Literatur | Abert, Hermann: **W. A. Mozart,** neubearbeitete und erweiterte Ausgabe von Otto Jahns: **Mozart,** 2 Bände, Leipzig [11]1989/90, Register von Erich Kapst, Leipzig 1966 | Angermüller, Rudolph, Franz Hermann Franken, Hans-Jürgen Imiela: **Mozarts Opern im Werk von Max Slevogt und Hans Meid,** Bad Honnef 1996 | Becker, Max (Hg.): **Mozart. Sein Leben und seine Zeit in Texten und Bildern,** Frankfurt a. M. und Leipzig 1991 | Berger, Friedhelm: **Der Phantastische Mozart von Arik Brauer,** München 1991 | Braunbehrens, Volkmar: **Mozart in Wien,** München 1986, [7]1991 | Deutsch, Otto Erich: **Mozart und seine Welt in zeitgenössischen Bildern,** NMA, Serie X, Supplement, Werkgruppe 32, Leipzig 1962 | Einstein, Alfred: **Mozart. His Character and His Work,** New York 1945. In deutscher Übersetzung: **Mozart. Sein Charakter – Sein Werk,** Frankfurt a. M. 1997 | Ermen, Reinhard (Hg.): **Wolfgang Amadeus schreibt an Maria Thekla Mozart, ... und der nähmliche narr bleibe ich.** Mit Bildern von Michael Mathias Prechtl, München 1990 | Gruber, Gernot: **Mozart. Leben und Werk in Bildern und Texten,** Frankfurt a. M. und Leipzig 1995 | Köchel, Ludwig Ritter von: **Chronologisch-thematisches Verzeichniss sämmtlicher Tonwerke Wolfgang Amade Mozart's,** Leipzig 1862, 6. Auflage, hg. von Fr. Giegling, A. Weinmann, G. Sievers, Wiesbaden 1964 | Konrad, Ulrich: **Artikel Mozart,** in: Die Musik in Geschichte und Gegenwart, Zweite neubearbeitete Ausgabe, hg. von Ludwig Finscher, Personenteil, Band 12, Spalte 591–758. Stuttgart 2003 | Kunze, Stefan: **Mozarts Opern,** Stuttgart 1984 | Küster, Konrad: **Mozart. Eine musikalische Biographie,** Stuttgart 1990 | Küster, Konrad: **W. A. Mozart und seine Zeit,** Laaber 2001 | Landon, Howard C.

Robbins: **Mozart. Die Wiener Jahre 1781–1791**, München 1990 | Lüpertz, Markus: **Hommage à Mozart**, Wien 2005 | **Mozart. Bilder und Klänge**, Ausstellungskatalog der 6. Salzburger Landesausstellung im Schloss Klessheim Salzburg vom 23. März 1991 bis 3. November 1991, Salzburg 1991 | Mück, Hans-Dieter: **Mozart in Art.** Eine Ausstellung der Internationalen Stiftung Mozarteum Salzburg und der Bayrischen Vereinsbank München, Salzburg und München 1990 | North, Michael: **Genuss und Glück des Lebens.** Kulturkonsum im Zeitalter der Aufklärung, Köln 2003 | Remus, Matthias: **Mozart.** Mit einem Vorwort von Götz Friedrich, Stuttgart 1991 | **Zaubertöne. Mozart in Wien 1781–1791**, Ausstellungskatalog der 139. Sonderausstellung des Historischen Museums der Stadt Wien im Künstlerhaus vom 6. 12. 1990 bis 15. 9. 1991, Wien 1990